JN205439

顧客接点の
デジタル化が
もたらす未来

BtoB製造業の
コミュニケーション
革命

イントリックス株式会社代表取締役
氣賀 崇

東洋経済新報社

はじめに

日本の製造業が再び脚光を浴びています。国際情勢の不安定化に伴い、技術の担い手としての期待や資金が、地道に技術を磨いてきた日本企業に戻っているのです。官民一体となった大型投資に沸く半導体業界。内燃機関車とＥＶ（電気自動車）の綱引きの間で存在感を放つトヨタ自動車のハイブリッドカー。高度なものづくりに欠かせない精密部品や材料技術。失われた30年の間に存在感の低下ばかりが叫ばれていた日本の産業界がこうしてまた注目されるようになったことは、日本人として素直に嬉しく感じます。

しかし、長年にわたって技術を蓄積し、こうした外部環境の変化の恩恵を受ける業種がある一方で、産業界全般で言えば、新たな競合の台頭で技術がコモディティ化する傾向が強まっています。そして、モノとＩＴの融合や自動化、脱炭素、エネルギーシフトなどの大きなゲームチェンジで日本企業が得意とするフィールドが消滅するシナリオは、いまだ厳然と存在しています。
日米欧だけで競争していた時代は完全に終わり、競合ひしめく現代の市場ではもはや、単にモノさえつくれば売れるということなどありません。商品の存在感、そして大きな変化に対する自社の考えを示せなければ、いい技術を持っていたとしても埋没してしまいます。また、災害や国防での活躍が期待されるドローンや3Dプリンターなどの新分野では、残念ながらグローバル市場における日本企業の存在感はありません。

どんなにいい商品でも、その存在が伝わらなければ存在しないのと同じです。自社と商品の価値を潜在顧客にアピールし、認知され、納得してもらうことではじめて、商品は売れていきますから、コミュニケーションが欠かせません。黙っていてもわかる明白な性能差がある場合を除けば、日本の製造業が本物の復活を果たすためには、技術とともにコミュニケーションも強化しなければなりません。

本書で言うコミュニケーションとは、自社や商品をわかってもらうために潜在顧客など情報の受け手との間で行われる、あらゆるやりとりを指します。そのゴールは、相手を変化させることです。

どう伝えれば相手は変化するのか。これが、企業のコミュニケーションにおける最大の知恵の絞りどころです。

しかし、他国と比べると日本の製造業は、コミュニケーションに積極的ではありません。昔なら、奥ゆかしい日本企業ということでも問題はありませんでした。今よりも競争相手は少なく、省エネ性や小型化、耐久性、カスタマイズ力などの明白な違いがあったため、言葉にせずとも価値が伝わったからです。

ですが、時代は大きく変わりました。他国の企業がものづくりの力をつけてきたことで、競合間の技術差が小さくなりました。そして、製品が複雑化したことで差異がわかりにくくなり、技術の意義を伝える重要性も増しました。加えて、自動車のＥＶ化、社会のスマート化、エネルギー革命などの産業革命のもとでプレイヤーの総入れ替えが進行しており、新たな買い手とどう接点をつくるかが、すべての製造業にとって大きなテーマとなっています。そこに立ちはだかるのが、日本の製造業のコミュニケーション下手という障壁です。

本書では製造業の中でも、コミュニケーションの問題がより大きいＢｔｏＢの製造業を取り上げます。日本のＢｔｏＢ製造業は、既存顧客との対面のやりとりに力を入れる一方で、情報発信には消極的でした。経済が成長している時はそれで十分な売上をつくれたし、社外に発するよりも１個でも多くのモノをつくって届けることが優先されたからです。しかし、もう「黙して語らず」というやり方は通用しません。黙っていれば、多弁な競合が機会を奪っていくだけです。

また、同じコミュニケーションの中でも、インターネットの登場によって可能となった、ウェブサイトを中心とするデジタルコミュニケーションにフォーカスします。BtoB製造業が力を入れるべきは、コミュニケーションそのものであり、デジタルが先でもすべてでもないことは言うまでもありません。しかし、広告や展示会、セミナーなどの伝統的生産財マーケティングには一定の知見が社内外にあるのに対し、デジタルコミュニケーションの歴史は短く、蓄積がありません。BtoB製造業のコミュニケーションにとって、あるべき姿と現状のギャップが最も大きいのがデジタル領域なので、ここに焦点を当てます。

本書は特に、BtoB製造業の経営層の方に向けて書いています。広報・コーポレートコミュニケーションやマーケティングなどの業務を直接担当している現場の方は、自社のデジタルコミュニケーションの何が問題で、何をすべきなのかを理解されていると思います。また、BtoBのデジタルマーケティング施策に関する優れた書籍はすでに数多くありますので、実務上必要となる個別の具体策には触れません。

ならば、なぜ本書があるのか。

それは、デジタルのメリットを最大限に活用するためのコミュニケーション改革が、多くの経営層が考えているよりずっと大がかりで、全社をあげての取り組みとなることをお伝えしたいからです。ウェブサイトをつくることは、その中の小さなワンステップにすぎません。デジタルコミュニケーションを使いこなし、顧客をはじめとするあらゆるステークホルダーと密接な関係を築き、そして変化させるまでの道のりは長く険しいため、経営層の理解とサポートが不可欠なのです。

私は、インターネット黎明期の２０００年から20年以上、ＢｔｏＢ製造業のデジタルコミュニケーションを支援してきました。インターネットがもたらした今もなお進行中の変化とは、ＢｔｏＢ製造業にとってコミュニケーションの革命に他なりません。そして、はっきり言えるのは、５年から10年にわたって地味に努力を重ねてきた企業だけが、革命の果実を得られるということです。短期間デジタルコミュニケーションの整備に注力することでも、局所的・短期的なパフォーマンスは出せます。しかし、定着化に時間をかけない限り、効果が持続することは決してありません。私自身も、途中でスローダウンしてしまった会社をたくさん見てきました。

ですが、日本のＢｔｏＢ製造業は本来、長期視点で技術や製品を開発したり、仕組みをつくったりするのが得意なはずです。ならば、デジタルコミュニケーションにも同じスタンスで臨めないはずがありません。ＢｔｏＢ製造業のコミュニケーション革命を俯瞰する本書が、長期視点の取り組みの端緒を開き、デジタルの威力を全社で存分に享受するきっかけとなることを願ってやみません。

２０２４年7月

イントリックス株式会社　代表取締役　氣賀 崇

目次

第2章 デジタルコミュニケーションはBtoB製造業の何を変えるのか

第3章 デジタルコミュニケーションの全体像とステージ別実践方法

第4章 実録・5年がかりのデジタルコミュニケーション改革

第5章 デジタルコミュニケーションを前進させるには

第1章

BtoB製造業がおろそかにしてきた情報発信

伝わらなければ存在しないのと同じ

一昔前まで、ニセコや白馬といった国内のスキー場で外国人の姿を見かけることはほとんどありませんでした。しかし現在、これらのスキー場は多くの外国人でにぎわっています。スキー場そのものは以前と変わっていないのにもかかわらず、海外に日本の雪質の良さやスキー場のバリエーションの豊富さが広く認められるようになったことで、多くの外国人客を呼び込むことに成功したのです。この事実は、**いくら良質なモノでも、顧客にその存在や良さを知られなければ価値を発揮しきれないことを示しています。**

本書のテーマであるＢｔｏＢ製造業も、まさにそれです。

「はじめに」でも記したように、日本の製造業は自分のことを言葉で表すことが苦手です。かつてはそれでも問題はありませんでした。日本経済が成長を続け、黙っていてもモノが売れる時代には、商品のアピールよりも、いかに早く安定的に納められるかが重要でした。自動車会社のケイレツは、部品のサプライヤーを囲い込む仕組みであり、そうした時代の価値観の表れです。またグローバル市場においては、コンパクト化技術、省エネ性、耐久性などで日本の製造業が明らかに優位だったので、言葉に落とし込まなくても、市場に出た製品自身がプロモーションを牽引する時代が確かにありました。

しかし今後は、そうしたやり方は通用しません。経済成長が落ち着いた一方で技術格差が縮まり競争も激しくなった今、バイヤーは、ベストなサプライヤーを見つけたいとの欲求を高めています。先の自動車の例で言えば、日本の部品メーカーはすでにケイレツを超えて、世界中の自動車メーカーと取引を行っています。もちろん、サプライヤーにとってはチャンスが増えるのでいいことです。ただしケイレツに守られていたこれまでよりも、**自社の価値をはるかに明確に言語化しないと、新たな取引先から選ばれることはありません。**

１９８０年代から進んだ国際的な自由競争市場では、チャンスも増えましたが、競争も増えました。社会の高度化で、扱う製品や提案すべきソリューションは複雑でわかりにくくもなっています。**自らの存在感を示し続けないと市場に埋没するのが、世界中の製造業が置かれた環境なのです。**

言葉にしなくても、使われている製品自体がその優秀性を示し、次なる商機を呼び込んでくれる理想のサイクルが無くなるとは言いません。ですが、気を抜くとあまたいるライバルが言葉巧みに割り込んでくるのが、自由でグローバルな市場の宿命と言えるでしょう。**そこで欠かせないのが、自社の存在感を左右するコミュニケーションです。私たちは、自社と商品のことをわかってもらう不断の努力が求められる時代にいるのです。**

大変革の到来で高まるコミュニケーションの重要性

そしてここにきて、自由化やグローバリゼーションの影響だけでなく、ＢｔｏＢ製造業におけるコミュニケーションの重要性をさらに高める動きが出ています。社会のデジタル化である第４次産業革命、カーボンニュートラル、国際情勢の変化などの大変革が同時に起きていることで、大規模な企業間関係のリシャッフルが発生しているのです。

「黙して語らず」が通用しなくなった理由

▼グローバリゼーションによる競争の激化
▼商品・ソリューションの複雑化によるわかりにくさ
▼産業革命による企業間関係のリシャッフル

例えば自動車業界では技術の進化によって、ＥＶ化や自動運転を目指す取り組みが加速しています。こうした中、モーターや半導体、センサーなどをつくるメーカーが、自動車メーカーの重要なパートナーとして存在感を増してきました。かつては自動車業界とさほど縁のなかったこれらの企業にとって、今は自動車メーカーを新たな顧客とする絶好機と言えます。

逆に、エンジン部品や排気システムなどを手掛けるメーカーは近い将来、ビジネスの一部を失います。これらの部品は従来型の自動車には不可欠でしたが、ＥＶには必要ないからです。

当然の対応として、既存事業の縮小リスクが増している自動車部品メーカーは、新たな分野に進出したり企業の形を変えたりすることで、新規顧客を開拓して売上を高めなければなりません。自動車エンジン用タイミングチェーンで世界トップクラスのシェアを誇る椿本チエインは、ＥＶ対応を試みるとともに、部品製造で培った自動化技術を活かし、植物工場の建設事業に乗り出しています。ピストンリングを主力製品とするリケンと日本ピストンリングは、２０２３年に経営統合を実施しました。両社の主要顧客はそれぞれホンダとトヨタ自動車ですが、ケイレツを超えた連携で大変革時代に向き合おうとしています。自動車部品業界において、自社の新しいあり方を模索する動きは、当面続くでしょう。

新しい技術の誕生によって主役交代を迫られた例は、古くはプロペラ機からブラウン管テレビ、ビデオテープ、フィルムカメラや書店までいくらでもありますが、時に、周辺にも破壊的な影響を及ぼします。ジェットエンジンの登場では、ジェットエンジンのパワーや熱に耐えうる新たな航空構造体が必要になったため、プロペラメーカーだけでなく構造体メーカーにとっても試練の時となりました。ちなみに、この変化を逆手に取った構造体メーカーが米・ボーイング社です。ジェットエンジン技術を活用した航空機の開発に社運をかけて、大きな成功を収めたのです。

このように、技術革新による企業間関係のリシャッフルは一定サイクルで起きるものですが、今はＩＴ化、気候変動、エネルギー転換、国際情勢における大変革が同時にやってきていることで、本当に先の読めない時代になっています。そのため、変化の規模やインパクトが、ここ数十年で経験したこと以上に大きくなることが予想されます。

そんな時代を乗り切るうえで欠かせないのが、新たな市場でもチャレンジをする自社のことを正しく伝えるコミュニケーションです。既存市場では知られた存在であっても、新たな市場では知名度や実績はゼロです。そのためなぜ新しい市場に出てきたのか、強みは何なのか、強いコミットメントを持って臨んでいることなどを伝えなければなりません。

自分のことを自分の口で語り始めた製造業の経営層

これまでの日本企業には、積極的に情報を発信する経営者がさほど多くありませんでした。繰り返し述べているように、コミュニケーションをおろそかにしがちな傾向もあったと感じます。しかし、変化の芽も出てきています。１つの例がトヨタ自動車です。

トヨタは2019年に当時の豊田章男社長の肝いりで、「トヨタイムズ」をスタートさせました。これはウェブサイトとYouTubeを連携させ、社内スタッフが記事や動画を制作して発信する自社メディアです。

トヨタがそこまでして情報発信をしようとした理由は、「自社が伝えたいことを正確に伝える」ためでした。例えば、EVに対するスタンスの発信は、混とんとする時代における企業の情報発信として学ぶべき点が数多くあります。

環境問題への対応を迫られている自動車業界で、一部の海外メーカーはBEV（バッテリー式EV）に注力する道を選んでいます。これに対し、トヨタは主力のハイブリッド車に加え、BEVやプラグインハイブリッド車、燃料電池車、水素エンジン車など幅広いラインナップを揃え、地域や用途に応じて最適な車種を提案するスタンスをとっています。「BEVは1つの選択肢であり、他のやり方でも環境対応は可能だ」というのがトヨタ自動車の立場です。

一部の国でBEVが急速に普及してきたこともあり、トヨタのスタンスは、BEVに後ろ向きであるかのようにとられることがありました。国内外のメディアにも、このままでは世界市場で存在感を失った日本の半導体や家電メーカーの二の舞になると

図表1-1 トヨタイムズ

（出所）https://toyotatimes.jp/report/bev_strategies/

いう論調が少なくありませんでした。

そのような情勢下で、トヨタはトヨタイムズを通じ、実に粘り強く自社のスタンスを訴え続けました。米ウォール・ストリート・ジャーナルは2022年の社説で、当時社長の豊田章男氏の「脱炭素への解決策はさまざまなのに、声の大きい勢力を前に物言えぬ多数派がいる」という発言を、勇気ある言葉と評価しました。2024年の今ではBEVの課題がいろいろと見えるようになり、欧州自動車メーカーもトーンダウン。トヨタの推すハイブリッド車が急速に見直されています。

議論の終着点は誰にもわかりません。しかし、**自身のスタンスをはっきり打ち出し、自分のメディアを使って自分の言葉で語り続けたことは、同じく不透明な時代に生きる多くの日本企業にとって、注目に値する行動だと思います。**

純粋なBtoB製造業でも同様の動きがあります。昭和電工と昭和電工マテリアルズ（旧日立化成）が統合して社名を変更したレゾナックは、総合化学メーカーから、半導体・電子材料をコア事業とする機能性化学メーカーへの転換を図っており、新しい姿を打ち出すために、積極的なコミュニケーションを展開しています。

レゾナックのウェブサイトで気づくのは、髙橋秀仁CEOを筆頭に各部門の組織責任者が総出で、新たな方向性やアプローチを自分の言葉で訴えていることです。

図表1-2　レゾナック

RESONAC
Chemistry for Change
Global
Global-日本語
企業情報
製品情報
サステナビリティ
IR情報
研究・技術開発
採用情報
ニュース
HOME > 企業情報 > CEOメッセージ
CEOメッセージ
従業員26,000人のスタートアップ！
社会を変えるレゾナックへ―今、私たちは変わります
レゾナックで私が実現したいこと
そのために、今進めていること
共創型人材の育成と組織文化の醸成
素材づくり
株主・投資家視点を重視した事業ポートフォリオの構築
株主・投資家からの共感を得るために、取り組んでいくこと
レゾナックで私が実現したいこと
2023年1月、昭和電工と日立化成が統合した機能性化学メーカーレゾナックが誕生しました。よく第二の創業と言われますが、むしろ私は自分を創業者だと思っています。従業員26,000人を抱えたスタートアップ企業の創業者として私が実現したいこととは、パーパスとして掲げたとおり、化学の力で社会を変えることです。化学産業には光と影があるというのは事実です。
化学はこれまで、日常生活にはなくてはならないプラスチックや、半導体、電子部品を構成する素材などを創り出し、産業の発展や豊かな生活に貢献してきました。私が化学業界に身を置いているのも、こうした化学の可能性に魅了されたからです。しかし一方では、CO₂の排出や海洋プラスチックなど、地球環境に対してダメージを与え続けてきました。
私には好きな本が2冊あります。1冊はミルトン・フリードマンの「選択の自由」。もう1冊はレイチェル・カーソンの「沈黙の春」です。フリードマンは弱肉強食の資本市場で企業が一心に成長を目指すことを肯定し、一方、レイチェル・カーソンは化学メーカーによる環境汚染に警鐘を鳴らしています。かつては二項対立の構図にあった経済と環境は、今の時代ではサステナビリティというキーワードのもとで両立の道を探そうとしています。こうした時代である今だからこそ、化学の力で社会を変えることができると思います。
私が率先して化学の力で社会を変えたいと思う背景には、一つの強い思いがあります。それは日本の現状に対する怒りと反省です。私は日本も日本人も大好きなのですが、日本はなぜ、さまざまな場面で世界の後塵を拝しているのか、優秀な日本人も数多くいるのに、なぜ世界で勝てなくなってしまったのか、なぜ日本の1人あたりGDPはシンガポールの半分に過ぎないのか、こうしたことに対する怒りと、自分自身も経済人として、こうした現状をこれまで変えることが出来なかったことへの反省です。日本発の世界トップクラスの機能性化学メーカーをつくりたい。そのために業界の常識を変えたい。これが私の願望であり、責任です。
ただ、こうした私の願望は、自分だけの力では到底叶えることができません。だからこそ、競合他社を含めた様々な企業、そして多くのステークホルダーと共創し、イノベーションを創出し成長しなければならないのです。そのためには、まずレゾナックが変わる必要がある。新社名の「RESONAC」は、「RESONATE：共鳴する・響き渡る」と、CHEMISTRYの「C」を組み合わせることから生まれました。この社名のとおり、共創型化学会社として社会を変えていきたい、本気でそう考えています。

（出所）https://www.resonac.com/jp/corporate/message.html?intcid=glnavi_jp_corporate_message（2024年7月時点）

ＣＥＯメッセージは形式的ではない魂のこもった長文ですし、会社の考えを定期的に発信する「レゾナック ナウ」のページでは、経営層や社員が多数登場し、それぞれの立場で、生まれ変わった自分たちの取り組みや将来を語っています。レゾナックナウは経営統合以来、定期的な更新を続けており、会社の考えを各部署・各レイヤーから余すことなく伝えようという気迫を感じます。また、ニューズピックスやＰＩＶＯＴなどの新しいウェブ経済メディアの記事広告を活用することで、情報感度が高く、新しい知識や情報に興味を示すビジネス層へのリーチも拡充しようとしています。

半導体・電子材料をコア事業とする方向性は、事業戦略を説明するコンテンツからだけでなく、製品情報からも感じられます。というのも、製品を紹介するページでは常に半導体・電子材料カテゴリーが前面に出ていて、そこかしこに関連するキーワードが目につくので、否が応でも事業の重心がどこにあるかがわかるからです。

ＢtoＢ製造業が積極的な情報発信をしなければならない時代において大切なのは、経営層の理解と行動を伴った情報発信への姿勢です。トヨタでは、豊田章男現会長がトヨタイムズを通じて自ら発信する姿を見せたことが、他の経営層の情報発信姿勢にもいい影響を与えたそうです。レゾナックのように経営層が勢ぞろいで発信すれば、情報を出すことをよしとする文化が社内に育まれるというものでしょう。

そして、両社の経営層の積極的な情報発信姿勢を強力に支えたのがデジタルコミュニケーションです。その活用は、大きな変化に立ち向かう自身の考えを自分の口でステークホルダーに伝えるための、自然な選択だったはずです。

今や企業は、ステークホルダーと直接コミュニケーションができるようになったのです。顧客に訴えたいものがある企業、そして、顧客をもっと知りたい企業は、すでに全力でデジタルコミュニケーションを活用しています。

企業のコミュニケーションは伝えるべき価値の認識から

とは言え、自社や商品の魅力を言語化して発信する必要性がそれほどなかった多くの日本のＢｔｏＢ製造業にとって、突然、自社のことをいろいろ発信しろと言われても、とまどいがあるのも無理はありません。

そこでまず、ＢｔｏＢ製造業がコミュニケーションを行うための基本ステップを見ておきましょう。

ステップ① 自社が提供できる価値を正しく認識する

顧客が企業とのコミュニケーションから得たいのは、「自分の課題を解決できること」を示す情報です。それが自社の提供できる価値になります。

ただしその内容は、顧客によって千差万別です。高い性能かもしれないし、価格かもしれない。あるいは、かゆいところに手が届くサービスかもしれないし、供給力かもしれません。**顧客が自社のどんなところに価値を期待しているのかを理解して情報発信しないと、コミュニケーションの効果は薄れてしまいます。**

しごく当たり前のことではあるのですが、実はいくつかの理由から、日本のBtoB製造業には、自社の価値の把握について心もとない部分があります。

1つ目はずばり、本当に自社の価値を把握できていないケース。引き合い依存が強かったり、販売代理店を通した間接販売をしたりしていると、具体的な要望に応えることには長けても、その背後にある真のニーズの把握が弱くなります。そのため、**まだ見ぬ潜在顧客に対してどんな価値を提供できるのか、自分でもよくわからないということが起きます。**

また、自己評価が控えめで何事にも慎重な日本人の気質も、自社の価値の正しい認識を妨げています。開発中の取り組みや構想を社外に紹介する企画をＢｔｏＢ製造業が立ち上げることがありますが、私の経験では、最後はやめてしまうケースが少なからずあります。もちろん、機密性が高いなら仕方ありません。ですがそうではなく、社内の意見を聞く過程で「まだどうなるかわからないから」「ことさらに取り上げるほどのことではないから」といった声が強くなり、控えてしまうのです。別の言い方をすると、**かなり高い基準をクリアしないかぎり発信するに値しないと考える傾向があるのです。**

さらには、「自社の価値とは競合と差別化されたものでなければならない」という思い込みもあるように感じます。確かに、最終的に選ばれるためにはなんらかの差別化要素が必要です。しかし、顧客とのコミュニケーションにはいくつかのステップがあり、まずは相手に何を提供できるかを示さねばなりません。この段階では差別化は関係ありません。提供できるものを示すことで、次の対話へと進めるのですが、**差別化要素以外を価値とみなせないと、自社の価値を狭めてしまい、始めるべきコミュニケーションも始まりにくくなってしまいます。**

日本人は、島国気質で言語の壁もあって世界の相場を知らないため、自分たちの価

値に気づきにくいところもあります。ですが、価値とは相対的なものなので、相場次第で価値は上下します。例えば一見低く見える30点のテストも、平均点が20点なら十分に価値はあるのです。

日本のBtoB製造業が自社の価値を過小評価する要因

- ▼具体的な要望には応えられるが、潜在顧客への提供価値は言語化できない
- ▼何事にも慎重で控え目な日本人気質
- ▼「価値とは差別化されたものであるべき」との思い込み
- ▼世界の相場がわからない

今や外国人に大人気のスキー場も、きっかけは各国事情を知る外国人による紹介でした。日本人からすれば世界に自慢できるかどうかなんて考えたことのなかった国内のスキー場が、実は世界でもトップクラスのクオリティであることに、ついぞ自分たちでは気づけなかったわけです。逆に、明治時代の日本美術の海外流出や日本文化を破壊した廃仏毀釈運動は、価値認識が足りないから許してしまったことでした。

外国に気づかせてもらった日本の価値の例

▼スキー場・日本観光
▼日本美術・仏教美術・アニメ
▼日本食・日本酒・B級グルメ

こうした背景から、日本のＢｔｏＢ製造業には自身を過小評価する傾向があります。皆さんにそのつもりはないのかもしれませんが、どん欲な他国企業と比べると、明らかに控えめなのです。ですが、**価値とは相手が判断するものです。未完の技術であっても業界として必要とされているチャレンジであれば、それを知ることに意味を見出す人がいます。なのに、外に出すまでもないとしてしまうと、価値があるかどうかの判別機会も失ってしまうのです。**

なんだか嘆き節が続いてしまいましたが、ここでお伝えしたかったのは、自社の価値を正しく認識するという当たり前のことが、日本のＢｔｏＢ製造業において、実は簡単にはいかないという事実です。ですので、自社での価値の発掘活動では、こうした暗黙のバイアスを前提にして進めましょう。社内では「やめておこう」という声が大きくなりがちでしょうから、消極的な意見が出てきても簡単にはあきらめないで、公開のメリットや競合の発信状況などを説き、少しでも多くの価値を社外に届けられるように努力をしてください。

ステップ② 情報ごとに最適な表現を見つける

顧客にとっての価値ある情報を洗い出せたら、どんな表現手法がふさわしいのかを考えます。商品スペックなら表、商品体系ならカタログ、取り扱い説明なら動画、複雑なメカニズムならＣＧなど、中身によって伝わりやすい表現は異なります。

ＢｔｏＢ製造業が用意すべきコンテンツは、多岐にわたります。それが大企業ともなると、分厚い辞書や百科事典に匹敵するほどのコンテンツが必要になることもあります。大手の電子部品メーカーだと、数十万種類の品番を扱うので、商品単体の見せ方だけでなく、全体の商品体系から付随する各種ドキュメントまで、それぞれについてわかりやすい見せ方を考えていく必要があります。

顧客ごとの多様なニーズに応える必要があることから、ＢｔｏＢ製造業では人による説明が好まれる面があります。これもまた、ＢｔｏＢが扱う情報にとって適した表現の１つで、デジタルコミュニケーションが拡大しても、対面による説明はなくならないでしょう。

デジタル時代になってからは、表現の幅が格段に広がりました。商品スペックはただの表にとどまらず、比較ができたり、絞り込みができたり、表示項目を自由に選べたりします。技術営業の口頭説明も動画やチャット機能で提供するなど、内容やニーズに応じてさまざまな表現形態を選べます。ＢｔｏＣよりも圧倒的に情報の種類や量が多いＢｔｏＢにとっては、表現手法が豊富であるほど価値を伝えやすいので、とても好ましいコミュニケーション環境となりました。

ただ、選択肢が増えたことで、顧客視点を忘れた選択をとってしまうリスクも増えています。例えば、制作費を抑えられるので、商品カタログをＰＤＦ掲載で済ませる企業がありますが、顧客は価格や性能などのパラメータを変えながら商品の絞り込みをしたかったのかもしれません。そうであれば、ＰＤＦの数倍〜数十倍の手間やコストがかかっても、商品絞り込み機能を備えるべきでしょう。

選択肢が増えたからこそ、インターネット時代の情報探索のあり方を理解したうえでの表現選択が重要となっているのです。

ステップ③　しかるべき相手にコンテンツを届ける

伝えたい情報を最適な表現でコンテンツ化したら、いよいよそれをターゲットに届ける番です。ＢｔｏＢ製造業にとって伝統的な伝達手段は、広告、展示会、対面営業です。**「ターゲットのいる場所」で情報提供することが、しかるべき相手にコンテンツを届けるための基本です。**

広告は、必要な時に思い出してもらえるよう、ビジネス紙や業界専門誌などに出します。新幹線や空港も定番の出稿先でしょう。展示会は、特定領域の企業とユーザーが一堂に集まる場で、認知獲得から実際の商談までを担います。人による対面営業は、受注までのさまざまな要望に付き添う、ＢｔｏＢ製造業には欠かせないコミュニケーションですので、今後も有力な営業手法であり続けます。

ただし、従来の広告や展示会、対面営業などのリアルなコミュニケーション手法には、制約もあります。交通広告はビジネスパーソンが集まることをよりどころにしていますが、ＢｔｏＢ商品の分野が非常に細分化されていることや購買頻度の低さを考えると、割がいいとは言えません。また、海外のあらゆる地域に営業担当者を置くことは難しいですし、国内でも産業界全般の人手不足で、必要な数は維持できなくなっています。そもそも、１人の営業担当者が把握できる情報量、１冊のカタログに収められる商品の数、展示会で紹介できる商品の種類にも限界があります。そして、情報発信は営業時間内に限られます。リアルなコミュニケーションは、こうした時間・場所・情報量の制約から逃れることができません。

そこに彗星のごとく現れたのが、デジタルコミュニケーションです。この手法は、企業のコミュニケーションを時間・場所・情報量の制約から解き放ちました。**いつでも場所を選ばず、誰とでも接触できるインターネットの世界では、「ターゲットのいる場所」の考え方が、根底から覆ったのです。**

ＣＣとＭＣの両輪を回して自社の価値を伝える

自社の価値を理解してもらうコミュニケーションには2種類あります。会社そのものを理解してもらうＣＣ（コーポレートコミュニケーション）と、商品やサービスについてわかってもらうＭＣ（マーケティングコミュニケーション）です。

CCの目的は、すべての関係者に自社の存在と魅力を伝えることです。初対面の相手にアプローチする際には、まず信頼を得るところからスタートしなければなりません。新規顧客に対して自社の持つ技術力やこれまでに積み重ねてきた実績、企業理念やサステナビリティへの姿勢などをきちんと伝え、この会社なら取引しても大丈夫だと思ってもらう必要があります。企業のブランディングもCCの一部です。

なお、CCの対象は新規顧客だけに限りません。投資家には足元の業績や将来性を説明して、より多くの投資を呼び込みます。就・転職活動中の人たちには仕事のやりがいや働きやすい環境をアピールし、優秀な人材を確保せねばなりません。さまざまなステークホルダーには、環境などの社会課題に積極的に取り組んでいることを伝え、良好な関係を築くことも重要です。そして事業再編で会社の形を変える企業は、かつての姿しか知らない顧客に、新しい姿や新規事業のことを伝える必要があります。

一方、**MCの目的は、受注という明確なゴールに向けて自社商品の魅力を伝え、潜在顧客の購買ステップに合ったコンテンツを提供して関心度を高めることです。**例えば、電子部品メーカーは電機メーカーの回路設計者に対し、技術資料や類似製品との機能比較表、生産終了品の後継一覧、さまざまな設計支援ツール、リファレンスデザイン、トレーニング情報などを提供することで、設計上の課題解決につながることを

図表1-3 CCとMC

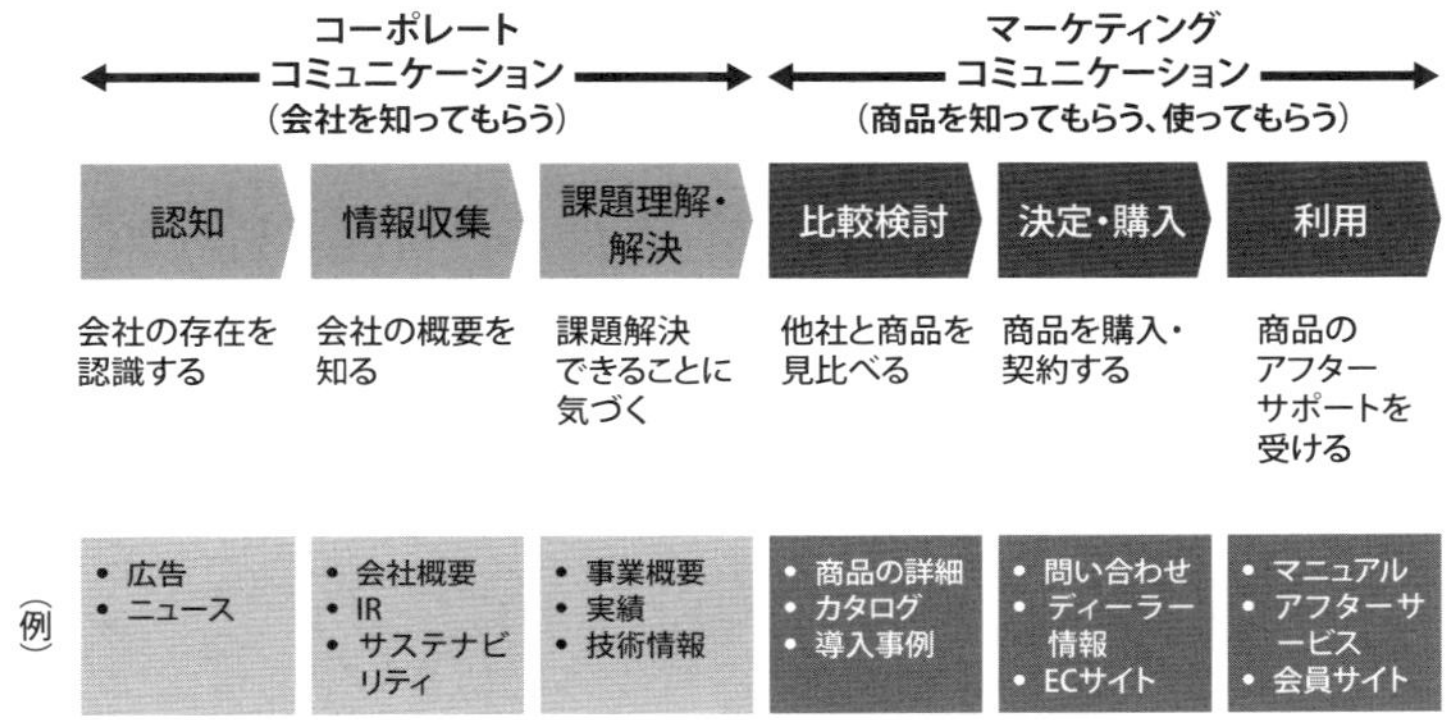
コーポレート
コミュニケーション
（会社を知ってもらう）
マーケティング
コミュニケーション
（商品を知ってもらう、使ってもらう）
認知
情報収集
課題理解・解決
比較検討
決定・購入
利用
会社の存在を認識する
会社の概要を知る
課題解決できることに気づく
他社と商品を見比べる
商品を購入・契約する
商品のアフターサポートを受ける
例
• 広告
• ニュース
• 会社概要
• IR
• サステナビリティ
• 事業概要
• 実績
• 技術情報
• 商品の詳細
• カタログ
• 導入事例
• 問い合わせ
• ディーラー情報
• ECサイト
• マニュアル
• アフターサービス
• 会員サイト

（出所）イントリックス作成

アピールします。またその過程で、顧客の関心事や商品の利用シーン、購入予定時期、予算などを把握し、商談につなげていくのです。なお、必要な時に想起されなければ問い合わせになりませんから、商品ブランディングもMCの重要な役割の1つになります。

CCは長期的な取り組みが必要で、認知度やブランド好感度を成果指標とします。一方のMCでは、名刺の獲得数、問い合わせ件数、ウェブサイトからのカタログダウンロード数、デモの申し込み件数など受注に直接結びつく指標を使い、短いサイクルで取り組みを評価します。

BtoB製造業にとっては、CCとMCのどちらも大切です。**CCによって自社の知名度や信頼度を高めつつ、MCによって商品の特性や強み、サポート体制の充実度をアピールすること**

で**新規顧客を開拓するのが、企業のコミュニケーションの基本です。**長期・短期の両方の観点で自社の価値を伝え続けることが必要なのです。

何でも見せようとするMLB.comを見習おう

アメリカの野球リーグであるＭＬＢ（Major League Baseball）は、公式ウェブサイトのMLB.comを開設しています。このウェブサイトは、ＢｔｏＢ、ＢｔｏＣを問わず、デジタルコミュニケーションの先進事例としてうってつけの教材です。そのすごさをひと言で言うと、自らが持つアセットをすべて情報化しているということです。

MLB.comの「Players」ボタンをクリックすると、全選手の成績を一覧することができます。そしてホームラン数や打率などの項目で並べ直したり、ホームゲームやアウェイゲーム、デイゲームやナイトゲームなどの条件で絞り込んで成績を表示させたりすることが可能なのです。さらに各選手の名前をクリックすれば、もっと詳しい情報にアクセスできます。表示されるのは、その選手のハイライト映像や最新ニュース、

図表1-4 あらゆるデータが直感的に見つかるMLB.comのデータビジュアリゼーションツール − Baseball Savant

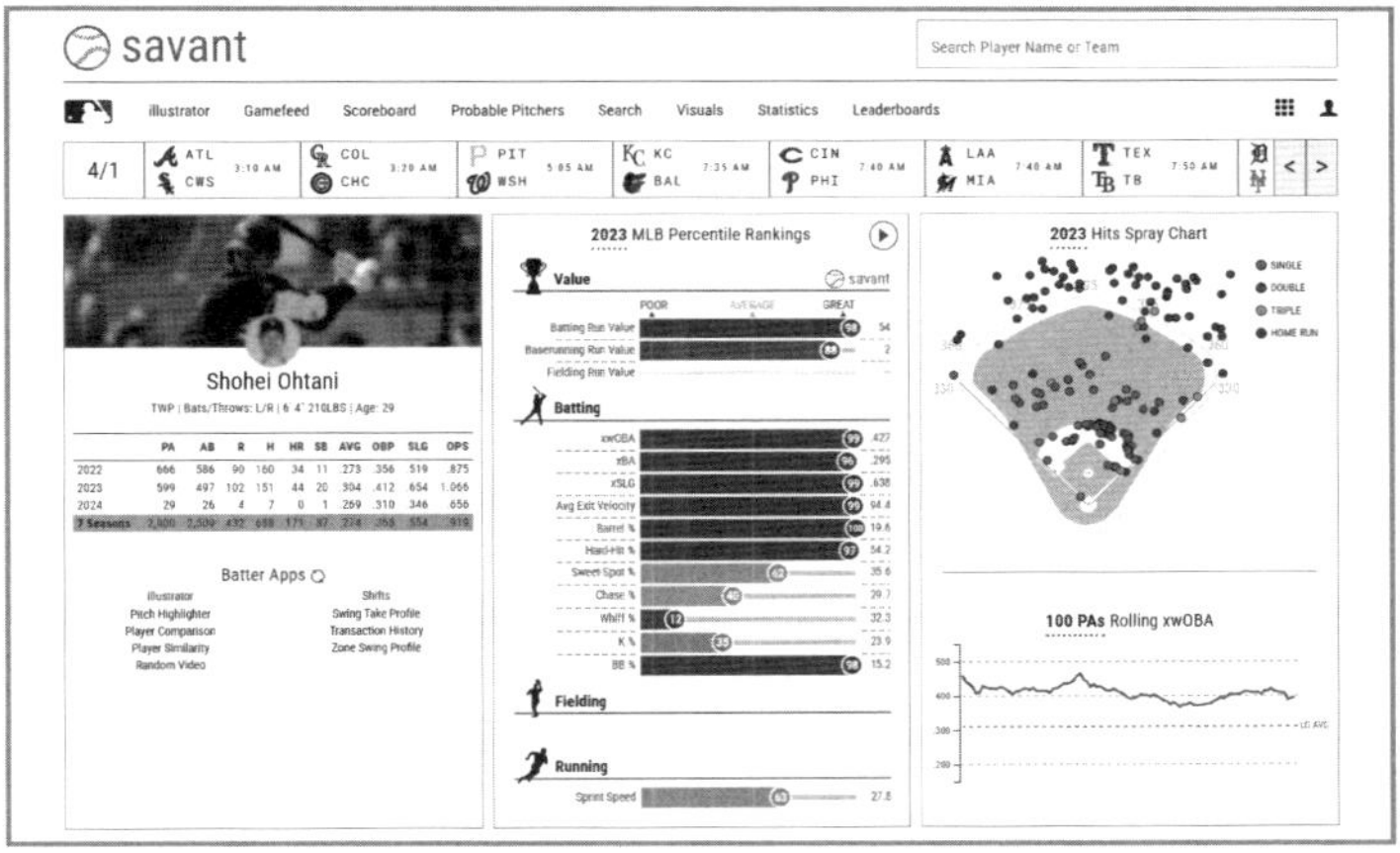

（出所）https://baseballsavant.mlb.com/savant-player/shohei-ohtani-660271?stats=statcast-r-hitting-mlb

シーズンごとの成績といった基本情報だけではありません。ピッチャーなら「ランナーが1、3塁にいる時の投球成績」や「投球コース別の被打率」、バッターなら「リリーフ投手を相手にした時の打撃成績」や「全打球のコースと飛距離」といった、実に細かなデータを確認できるのです。

ウェブサイトではグラフも多用されていて、各選手やチームの特徴が、視覚で直感的にわかるよう工夫されています。また、各打者の「全打球のコースと飛距離」のチャートで好きな打球をクリックすると、その時の映像が流れます。とにかく、**ユーザーが興味を持ってクリックするといくらでも深掘**

りできて、ほしい情報がどんどん得られる仕組みになっているのです。

MLB.comが優れているのは、デジタルの特徴をフル活用することで、これまでにない質の高い情報提供を実現している点です。従来ではありえないほどの膨大な情報を、最新のものまで常に更新。それらをあらゆる切り口で整理して提供。球場イラストから始まる直感的な情報探索。えんえんと深掘りを続けられるような情報の紐づけ。チームのデータはなんと1876年、選手のデータも1884年までさかのぼれます。MLBは、彼らが持つ情報資産を余すことなく伝えることに成功しているのです。

米国で情報発信に積極的なのは、MLB.comだけではありません。アメリカンフットボールや、男子バスケットボールのプロリーグも同様に、手持ちのデータや映像をすべてさらけ出しています。

これらの米メジャースポーツに比べると、国内プロスポーツの公式ウェブサイトにはさびしさを感じます。ユーザーが得られる情報は決して多くありませんし、見られる映像も限られています。近年では、プロスポーツ団体が公式YouTubeチャンネルを拡充して映像を流したり、外部のスポーツサイトが細かなデータを提供したりするなどの動きが出ていますが、網羅性や深さは米国に遠く及びません。しかも、それらが別々のウェブサイトにあるのでは不便です。米メジャースポーツのような

「公式ウェブサイトに行けばあらゆる情報が手に入る」という水準には達していないのです。

ファンの多彩なニーズに応えるため、MLB.comは自分たちが持つ情報を最後の最後まで絞り出しています。昔も今も、MLBの野球そのものは大きくは変わっていませんが、もともと野球が持っていた面白さを、徹底した情報提供によってさらに引き出しているのです。

企業でも、同じことが可能なはずです。

これまで使えなかった情報を表舞台に出す

BtoB製造業の経営層やコミュニケーション担当者と話すと、今までそれほど情報発信をしてこなかったし、新製品の発売サイクルも長いので、これ以上何をコンテンツ化すればいいのかわからない、という悩みを聞きます。多くの企業のウェブサイトがカタログの焼き直しにとどまっているのには、こうした背景があります。

図表1-5 デジタル時代に活きてくる情報

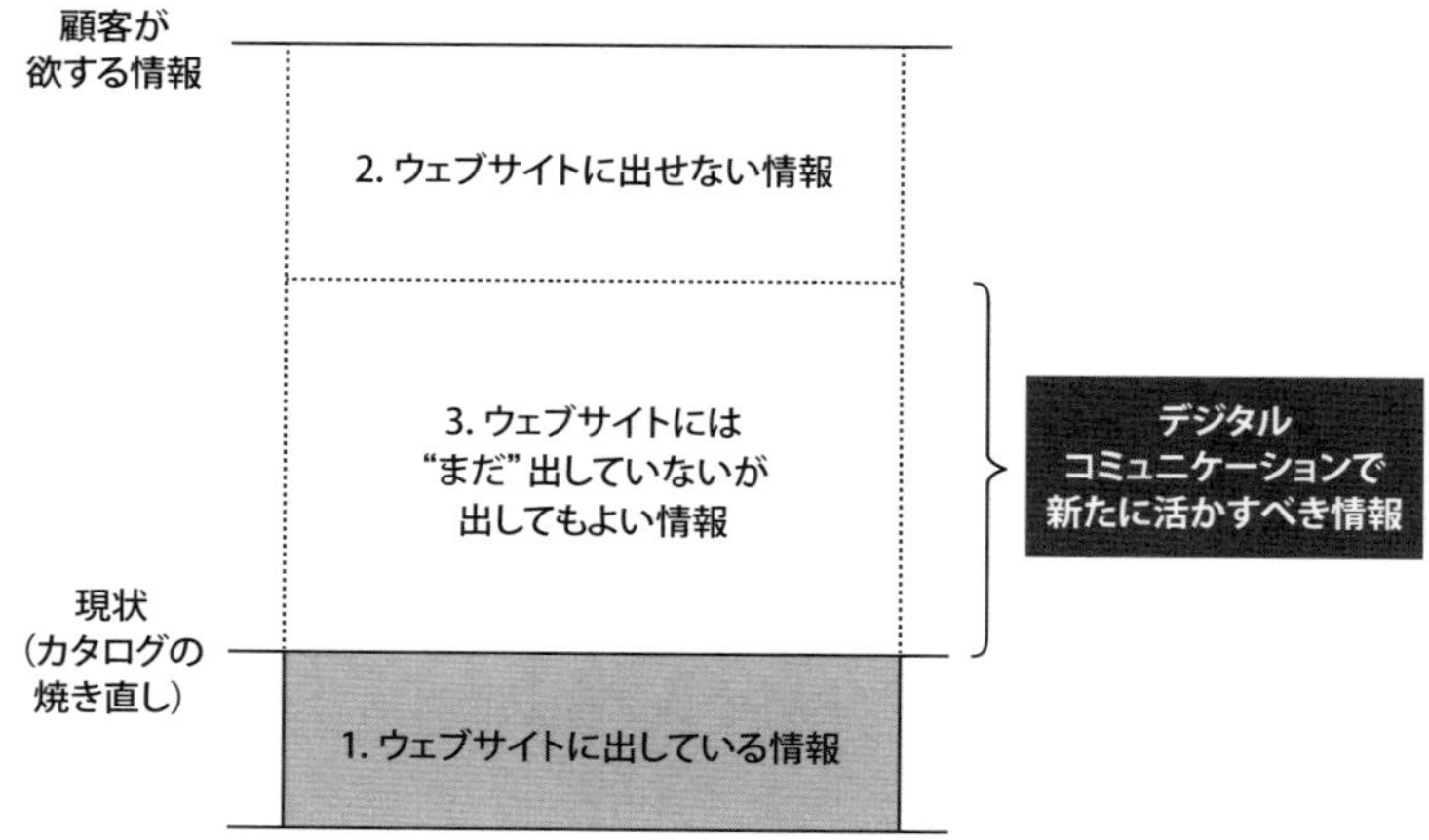

顧客が
欲する情報
2. ウェブサイトに出せない情報
3. ウェブサイトには
“まだ”出していないが
出してもよい情報
デジタル
コミュニケーションで
新たに活かすべき情報
現状
（カタログの
焼き直し）
1. ウェブサイトに出している情報

（出所）イントリックス作成

ここで、MLB.comの話が大きなヒントになります。**既存客中心の時代には出さなくてよかったり、情報量の制約上出せなかったりした情報も、今なら出して喜ばれるかもしれないのです。**

潜在顧客が欲しがる情報は、3つに分けることができます。1つ目は企業の基本情報や製品仕様など、すでにウェブサイトに出ているもの。2つ目は、価格や設計情報、秘匿性の高い事例など、ウェブサイトには出せないもの。そして今後の情報発信のポイントとなる3つ目の情報が、セミナーや営業などで公にすることはあるけれども、ウェブサイトには〝まだ〟ないものです。

MLB.comが活かしたのもまさに3つ

目の部分です。**ニーズはありそうだけど、情報量に制約があって出せなかった情報は、BtoB製造業にも大量にあるはずなので、社内の情報源を棚卸しして、見つけていきましょう。**

ピューリッツァー賞を三度受賞したアメリカ人ジャーナリストのトーマス・フリードマンがインターネットの社会的インパクトを論じた『フラット化する世界　経済の大転換と人間の未来』（日本経済新聞出版社）では、こんな例が紹介されています。鉱山会社が金脈の場所を探り当てるのに必要なデータを公開してコンテストを行ったところ、今まで縁のなかった科学者、地質学者、エンジニアなどからさまざまなアイデアが寄せられ、これまでよりも高い確率で金を掘り出すことができたと言うのです。

より多くの情報を発信できるようになった今、出してもよかったけれども出せていなかった情報を発信することは、新しい出会いをつくり、発想を刺激し、アイデアを得ることにつながります。それは、自社の技術や商品の用途を拡張することにもなるでしょう。情報ごとに公開の是非を検討する必要はありますが、**本当に隠すべき情報以外はできるだけコンテンツ化し、発信するのが、デジタル時代の基本なのです。**

デジタルコミュニケーションは製造業DXの大事な1テーマ

今、ＢｔｏＢ製造業はＤＸ（デジタルトランスフォーメーション）に力を入れています。しかし、ほとんどのＢｔｏＢ製造業のＤＸは、設計・生産・調達・物流など、ものづくりに直接関わるものが中心で、コミュニケーションのＤＸには触れていません。

ですが、**デジタルコミュニケーションは、顧客をはじめとするステークホルダーとの関係を変えるものであり、事業の根幹に大きな影響を及ぼします。**多くの情報を持つようになった顧客との新たな対話方法、顧客のライフサイクルへの向き合い方、顧客と直接コミュニケーションできる時代の商流など、ビジネスモデルの再構築とも言えるテーマが控えています。

また、**デジタルコミュニケーションはすでに事業のあらゆる場面に入り込んでおり、全社的な取り組みが必要になっています。**これまでは部門それぞれに取り組むことでも良かったのですが、今は、各部門の情報やデータを連携させることで価値を生み出す段階に来ています。また、部門間で似通った取り組みが増え、専門人材も不足していることから、共通化を進める必要性が強まっているのです。運用の共通化、データベースなど各部門のシステムとの連携、会員サイトや顧客ＩＤの統一などで、デジタルの利点をより活かす形をつくっていかねばなりません。

ウェブサイトは会社紹介、ＩＲ、サステナビリティ、採用、商品・サービス、サポート、研究開発、調達まで、企業のあらゆる情報発信を担います。**顧客をはじめとするすべてのステークホルダーとの接点なので、連携ができていないと縦割りぶりが露骨に伝わってしまいます。**

以前こんなことがありました。ある機械メーカーのグローバルサイトで代理店検索機能を設置することになったのですが、実は日本の本社に海外の代理店の最新情報がないことがわかりました。住所や支店網、取り扱い製品などの情報は、欧州、米州などの各拠点でストップしていたのです。この時は、更新があれば日本の本社にあがるフローを整備して対応しましたが、顧客接点の最前線の情報が本社にないことに驚いたことを覚えています。

あるいは、広報部が出した新商品のプレスリリースが大手経済紙にとりあげられたのに、商品のプロモーションサイトへのリンクをつけていなかったので、せっかくのアクセス増の機会を活かしきれないということも、企業のウェブサイトのあるあるです。

多くの企業では、自社のデジタルコミュニケーションの全貌すらつかめていません。運営するウェブサイト、ＳＮＳ、アプリの総数や、それらを裏で支えるシステムについて、全体を見る部門が存在しないからです。

ＢｔｏＢ製造業にとって重要性が増すデジタルコミュニケーションで、この状況を放置していいわけがありません。**情報発信の文化づくりと部門間連携を進めるためにも、経営層が自社におけるデジタルコミュニケーションの全貌を理解し、ＤＸの一環として位置づけることが求められています。**

電子部品メーカーの村田製作所は、ＢｔｏＢ製造業には珍しく、ＤＸのメインテーマの１つに営業・マーケティングを挙げており、ウェブサイトにもその全体構想を掲げています。

ここでは、デジタル空間上の販売代理店やプロモーションチャネルを積極的に活用して認知獲得や顧客開拓を進めるのと同時に、会員サイトを通じたよりきめ細かな対応や、グローバルな顧客の一元管理を進め、業務を変革していくことをうたっています。この構想は、村田製作所の電子部品を使って製品をつくる顧客との、企画・設計

図表1−6　村田製作所のDXはデジタルコミュニケーションを重視

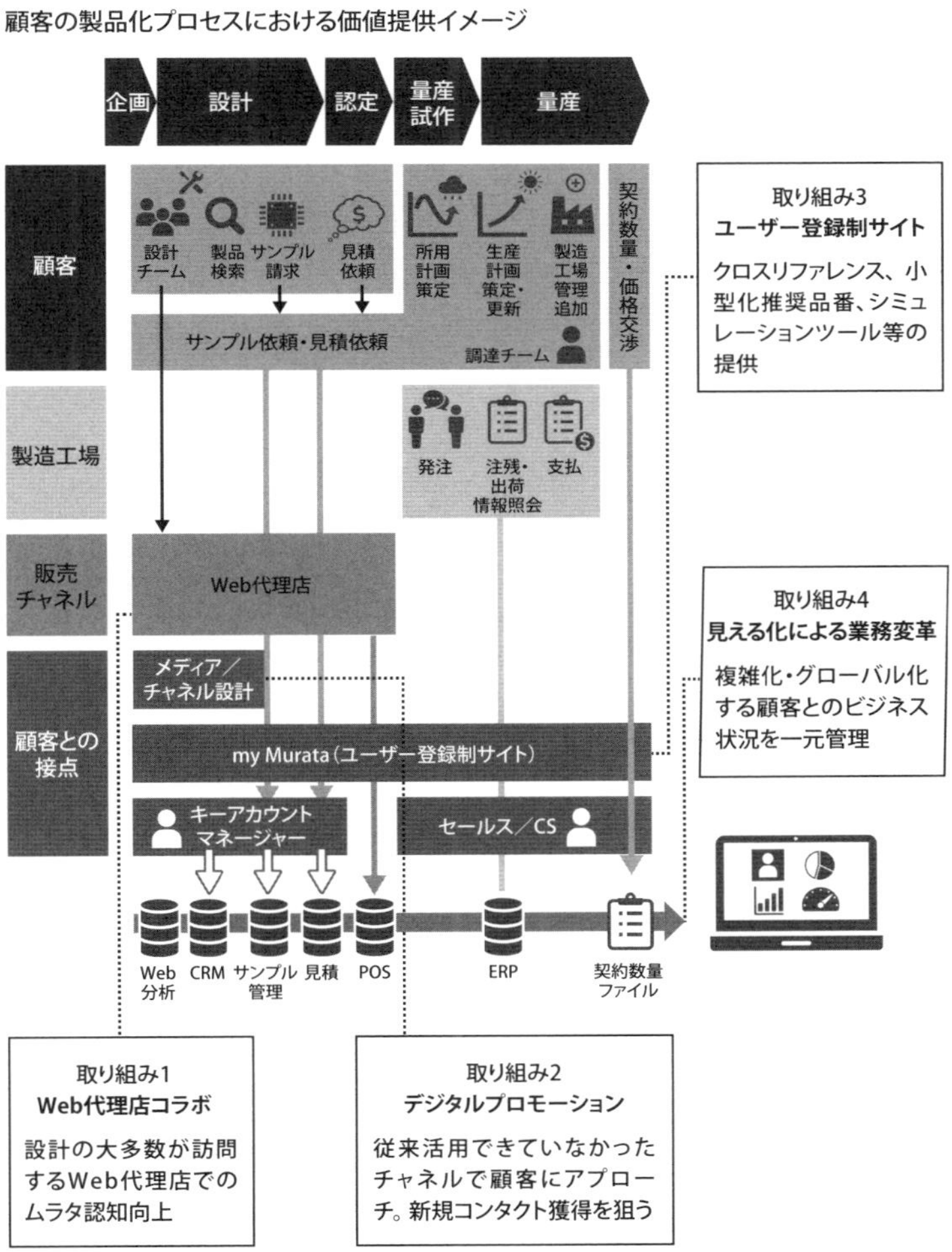

（出所）https://recruit.murata.com/ja-jp/dx/

から試作・量産までの各プロセスに応じたデジタルコミュニケーションのあり方を描いており、経営陣の強い意志のもと、新たな顧客関係づくりを目指していることがわかります。

顧客接点のデジタル化は、ＢｔｏＢ製造業のＤＸの中で最も遅れています。フローが明確な設計・生産・流通管理と異なり、多種多様な顧客とのやりとりは、従来のＩＴの能力ではデジタル化のハードルが高かったのです。しかし今では、ウェブサイトやＳＮＳ、アプリと、これらを支える各種システムが急速に整ってきました。日本企業ではあいまいだったマーケティングフローも、整備の途上にあります。**デジタルコミュニケーションは、ＤＸの中でも伸びしろの大きいテーマなのです。**

第2章

デジタルコミュニケーションはBtoB製造業の何を変えるのか

デジタルコミュニケーションの普及の歴史

本章では、デジタルコミュニケーションがＢｔｏＢ製造業にどのようなインパクトを与えるのかを説明します。まず簡単に、その普及の歴史を振り返ってみましょう。なぜ急速に社会に広まったのか考えることで、自ずとそのメリットが見えてきます。

デジタルコミュニケーションは、１９９０年代の登場以来、驚くべきスピードで社会に浸透しました。ＡｍａｚｏｎやＧｏｏｇｌｅのような新興のデジタルサービス企業は、リアルの業務や過去のしがらみに一切しばられないことをアドバンテージに、デジタルの特徴を最大限活用することで、短期間で存在感を増しました。

次にデジタルコミュニケーションを取り入れたのは、ＢｔｏＣ企業です。なかでも、情報を商材とする証券会社や銀行、旅行会社、メディア企業はデジタルとの親和性が高く、いちはやくデジタルシフトを進めました。例えばかつての航空券は、旅行代理店のカウンターで行先、スケジュール、価格面でマッチするものを担当者に探しても

図表2-1 デジタルコミュニケーションの普及の歴史

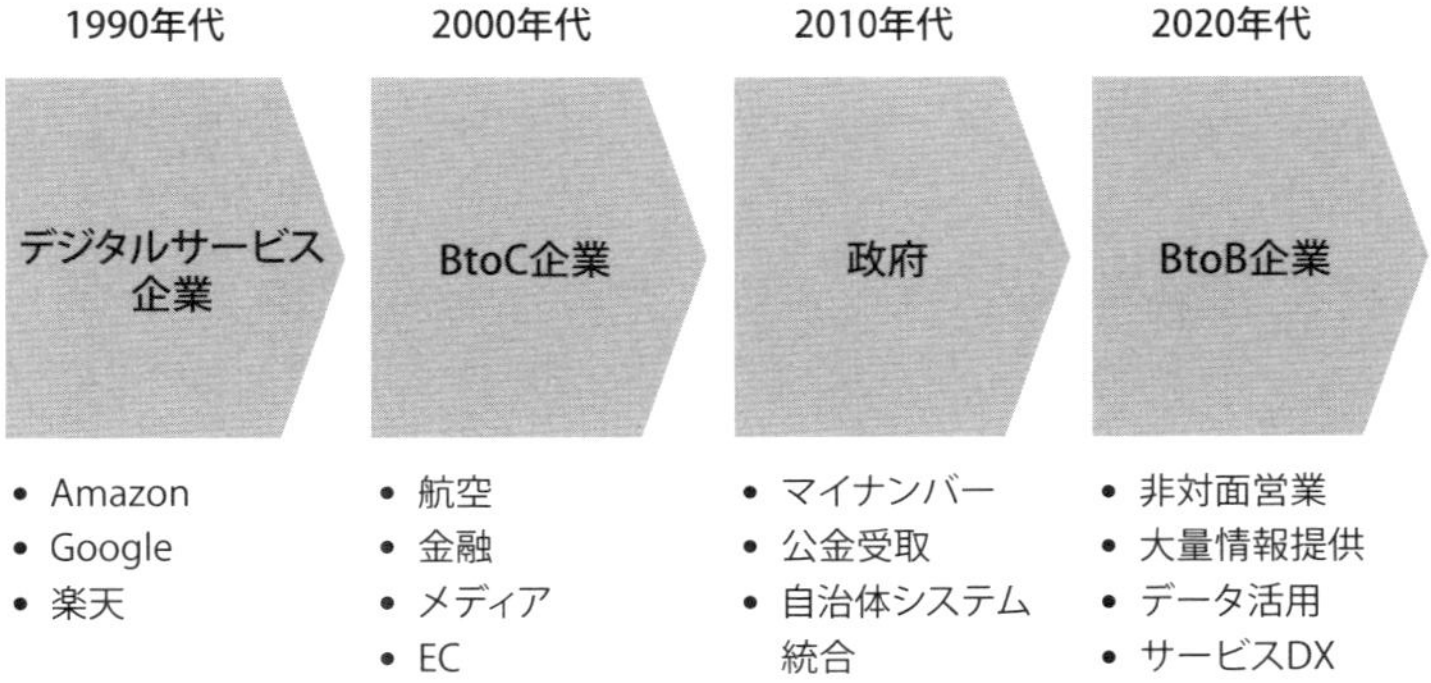
1990年代
2000年代
2010年代
2020年代
デジタルサービス企業
BtoC企業
政府
BtoB企業
• Amazon
• Google
• 楽天
• 航空
• 金融
• メディア
• EC
• マイナンバー
• 公金受取
• 自治体システム統合
• 非対面営業
• 大量情報提供
• データ活用
• サービスDX

（出所）イントリックス作成

らっていましたが、今は自分のスマートフォンから瞬時に最適なフライトを見つけて購入できてしまいます。

デジタル活用はその後、モノを販売するBtoC企業にも広がっていきます。書籍や電気製品、家庭用品はECで購入することが当たり前となりました。また、消費行動の起点が検索となったことで、BtoC企業はデジタル空間での広告やテレビCMと連動したウェブコンテンツを増やしました。

今では政府もデジタル化に熱心に取り組んでいます。日本ではマイナンバーとポータルサイトを核に、公金受取や健康保険証の統合、確定申告など、着実に利便性を向上させています。海外では、エストニアが10年以上の歳月をかけて国家のデジタル化を推進しており、世界のお手本となっています。例えば、道路上の指定スペースへの駐車料金支払いをスマートフォンで済ませられます。アプリとGPSで車のナンバーと場所が紐づけられるためパーキングメーターは不要で、インフラコストを大幅に節約できたそうです。

これほどまでにデジタルコミュニケーションが活用されるのはなぜでしょうか。私は、**「大量の情報源をベースに、必要な情報だけを、必要とする人に、必要な時に届け、アクションを起こさせる力」を持っていることが、すべての普及ストーリーに通底する価値だと考えています。**

これまでは、大量の情報があっても、全部を届けることはできませんでした。1回の商談や広告で伝えられるのは、ある商品の全情報の数%といったところではないでしょうか。仮に大量の情報を届けられたとしても、受け手を情報の洪水に溺れさせるだけでしょう。適切ではないタイミングの情報提供に意味がないのは、ダイレクトメールの大半がゴミ箱行きとなることからもわかります。

それが今や、これらの制約がすべて取り払われ、一部しか使えなかった大量の情報源をそのまま活かすことができるようになったのです。これは、情報伝達において数%しかなかった歩留まりが100%に跳ね上がったようなものです。**伝えたいことを多く持っているすべての組織に、大きなメリットをもたらすのです。**

ＢｔｏＢ製造業のデジタルコミュニケーションへの取り組みがさまざまな理由から遅かったことは、第1章で述べた通りです。ＢｔｏＢ製造業が生まれながらにして持つ保守性と、日本人の保守性が掛け合わさった〝保守の二乗〟が、日本のＢｔｏＢ製造業のデジタルコミュニケーションを大幅に遅らせてきました。しかし、それでよかった時代は、大変革の到来、日本市場の飽和、コロナ禍、デジタル世代の増加などで終焉を迎えました。デジタルがもたらす革命的なメリットも、皆が身を持って実感しています。デジタルサービス、ＢｔｏＣ、政府と来て、ついに最後の山のＢｔｏＢ製造業も動き出したのです。

直接コミュニケーションで近づく顧客との関係

デジタルコミュニケーションが人々から強く支持されるもう1つの理由は、直接コミュニケーションです。**情報の出し手と受け手の間に何も挟まないことで、出し手の言いたいことや潜在力、持っているデータなどを、ストレートに漏れなく伝えられる**

ようになったからです。

発言の切り取りを嫌う政治家やネット出身のアーティスト、そしてYouTuberは、直接コミュニケーションの特性を活かして自分の持てるすべてを発信し、時に大きな大衆の支持を得ているのは、皆さん知ってのとおりです。

同様に、企業と顧客の関係も、直接コミュニケーションが可能となったことで大きく変わります。間に何もはさまないことで伝言ゲームのような情報劣化が起きにくくなり、企業は自社や商品のことを存分に伝えられるようになりました。顧客もまた、企業に直接要望を伝えることができますので、真摯に耳を傾ける企業では顧客理解が進み、両者はより近い関係となるでしょう。

第1章で触れたトヨタやレゾナックは、この特性をCCで上手に活かしているいい例です。両社が示した経営スタンスは、まだ世間で十分認知・理解されていないものでしたから、誤解を避けるためにも、直接コミュニケーションで扱うことが望ましいテーマでした。両社のトップはそれをよくわかって、デジタルコミュニケーションを活用しているように思います。

MCにおいても、直接コミュニケーションは大きな意味を持ちます。多くのBtoB製造業は販売代理店などの流通チャネルを活用し、効率的な販売ネットワークを築いています。反面、顧客とのやり取りが間接的なものになるので、顧客ニーズの解像度が低くなる課題を抱えています。それが今では、顧客が欲する多くの情報提供とそこへの反響を、企業が直接ハンドリングできるようになりました。

つまり、**顧客との直接的なやりとりを阻む制約がなくなり、顧客と築くパイプの太さを、企業の考え方次第でいかようにもできる時代になったのです。**もちろん、顧客に少しでも近づきたいと考える企業は、例外なくデジタルコミュニケーションの強化に力を入れています。

BtoBとデジタルコミュニケーションは相性がいい

他分野と比べて本格化の後れたデジタルコミュニケーションですが、実はBtoB製造業とは、非常に相性がいいのです。以下がその理由です。

図表2-2 BtoB製造業と相性のいいデジタルコミュニケーション

BtoB製造業の特徴	デジタルコミュニケーションの利点
複雑で耐用年数の長い商材	①網羅的かつ長期的な情報提供
膨大な商品数	
限られた情報入手経路	②場所を選ばずにやりとりできる
潜在顧客の所在がわかりにくい	③潜在顧客から飛び込んでくる
複数の購買関与者	④購買関与者に合わせた情報提供
合理的な意思決定	⑤実績・試算など説得力ある材料の提供

（出所）イントリックス作成

メリット① 網羅的かつ長期的な情報提供ができる

大手の電子部品メーカーともなると、提供している商品の点数は数十万に及びます。また、その時点で生産されている商品はもちろん、登場から20年を越えた生産終了品の情報提供も求められます。例えば建設機械の寿命は5〜10年程度ですが、海を越えて使われる中古品の中には、もっと長く使われるものもあります。こうした商品のオーナーにも、操作マニュアルやメンテナンスマニュアル、パーツリストなど、機械の付随情報を提供できれば、安心して買える中古としてリセールバリューにいい影響を与えます。このようにBtoB製造業では、（1）商品数が多く、

（2）商品当たりの付随情報・ドキュメントも多く、（3）ライフサイクルも非常に長いため、広大な情報のスペースが必要になります。

カタログや展示会で見せられる情報は、そのうちのごくわずかにしかすぎませんでしたが、ウェブサイトであればすべてを掲載できます。

メリット② 場所を選ばずにやりとりできる

自動車の購入を検討する際は、日本のどこにいても近くにディーラーがあるので、すぐにカタログを入手したり、営業に話を聞いたりすることができます。自動車雑誌も種類が豊富で、書店で簡単に購入できます。このように顧客接点の多いＢｔｏＣでは、顧客の場所に情報提供が影響を受けることはありません。

しかし、顧客接点の限られているＢｔｏＢ製造業では、顧客の場所に少なからず影響を受けます。例えば、新潟県の金属加工業者が、数千万円する金属３Ｄプリンターについて広く知りたければ、年に数回東京で開催される業務用３Ｄプリンター展を待たねばなりません。販売代理店と話をすることはできても、実機を触りたければデモ機の準備ができるまで、数週間待つことも珍しくありません。

情報提供にリードタイムが生じがちなＢｔｏＢでは、この〝間〟のグリップが弱いことで、顧客の中での検討の優先度が下がったり、競合に気持ちが移ってしまったりすることがありました。それが、**インターネットの登場で場所を選ばずにコミュニケーションができるようになり、興味が高まった瞬間に対応することが可能になりました。**

メリット③　潜在顧客が自ら飛び込んでくる

ＢｔｏＢ製造業の商品や技術は、よさ〝そう〟なものができたけど、どこに大きな需要があるのかわからないことがあります。そこで、何かいい使い道がないかと探す用途開発が、ＢｔｏＢ製造業のマーケティングの基本動作となります。

数えきれない可能性がある中、その用途の分野の専門家でもないＢｔｏＢ製造業側が適切な用途を見つけることは、簡単ではありません。例えば、ポスト・イットで有名な「すぐはがれる糊《のり》」は当初、米・３Ｍ社内で失敗作との位置づけでした。その後、はがしても跡が残らないことが利点となって新たな市場の創造に成功しましたが、そこに至るまでには10年の歳月を要しました。

ですが、インターネットで情報発信をしていると、思いがけない出会いが生じることがあります。面白い事例があります。自動車や化粧品、食品などで使われる色の計測装置メーカーに漁協から問い合わせがありました。海苔《のり》のグレード分けに使えないかと言うのです。人材不足と高齢化が進む中、この漁協では自動化の可能性を探っていたそうですが、彼らが潜在顧客というのは、メーカーの営業としては想像を超えたことでした。ウェブサイトには、色の計測に関するさまざまな基礎知識と機器情報が掲載されており、漁協の方はこのメーカーのことも装置にも詳しくありませんでしたが、「海苔　色　検査」の検索でたどり着いたのだそうです。

また、ゲーム用半導体メーカーの米・エヌビディアは、ＡＩの分野で圧倒的シェアを獲得したことにより大変な成長を遂げました。これも、ゲーム用の画像処理機能がＡＩにも向いていたという、自社製品の新たな用途を見つけた好例です。

このように、技術の用途には無限の可能性があります。**足を棒にして探し回らなくても、潜在顧客から飛び込んできてくれるデジタルコミュニケーションは、ＢｔｏＢ製造業にとって申し分のない手法なのです。**

メリット④　購買関与者に合わせた情報提供

建設機械を購入するケースを例に取ると、購買検討の視点には4つの立場があります。事業の視点では、機械の性能やライフタイムでの費用対効果を気にします。オペレーターの視点からすると、操作性に関心が向くでしょう。サービス部門は、修理や部品調達のしやすさに注目します。購買部門はもちろん価格です。個人の思いでぱっと買えるBtoC商品とは異なり、BtoBでは購買検討への関与者が複数います。そのため、**それぞれの視点での情報提供が必要になりますが、ウェブサイトならば、おのおのに必要な箇所だけを見てもらうことが可能です。**

メリット⑤　実績・試算など説得力ある材料の提供

事業に使うBtoB商材では、経済的なメリットが購買の決め手となります。商品価格や値引きだけでなく、ライフタイムコストや生産プロセスとの相性、供給のリードタイムと安定性など、実に多面的な検討のうえに決定がなされます。

ここでも、あらゆる情報を必要な部分だけ切り取って伝えられるウェブサイトが力を発揮します。**関心のある商品を比較したり、オプション選択や見積ができたりする双方向機能も、細分化された要求に即座に応えることを可能にしており、ＢｔｏＢでの購買検討にフィットしています。**

本格化が最も後れたＢｔｏＢ製造業のデジタルコミュニケーションですが、このように、ＢｔｏＢ製造業の特徴とは非常に高い親和性があるのです。日本のＢｔｏＢ製造業においてコミュニケーションの必要性が高まったまさにそのタイミングで、これ以上ないほどにフィットする手段が現れたことに、私は運命的なものを感じずにはいられません。

企業がメリットを得るための
デジタル活用5原則

デジタルコミュニケーションのメリットは、「大量の情報源をベースに、必要な情報だけを、必要とする人に、必要な時に届け、アクションを起こさせる」ことができ

た時に最大化します。こんなことは、インターネットがなかった時にはできませんでした。そこで、この5つの原則を1つずつ見ていきましょう。

①大量の情報源を活かす

左で紹介しているのは、米・セントルイスに本社を置く、世界的なオートメーション技術およびソフトウェアのリーダーである、エマソンのマニュアルアーカイブです。こちらにアップされている最も古いドキュメントは、今から約30年前の1995年につくられた流量計算プログラムのマニュアルです。

紙での配布だと制作・保管のコストがかかるので、どこまで古い資料を在庫しておくのか検討が必要ですが、デジタル化されていればコストはほとんどゼロ。しかもこの手のマニュアルは、トラブルの起きやすい古い機器やプログラムほど手元にないものです。つまり**顧客は、まさに必要とするマニュアルを、デジタル化によっていつでも閲覧できるようになったのです。**これは、ウェブサイトが大量の情報源を活用できる特性を、とても上手に活かしている例と言えるでしょう。

最も需要のある商品以外の、販売機会の少ない商品も取り揃えることで、全体の売

図表2-3 エマソンの流量計算プログラムの1995年版マニュアル

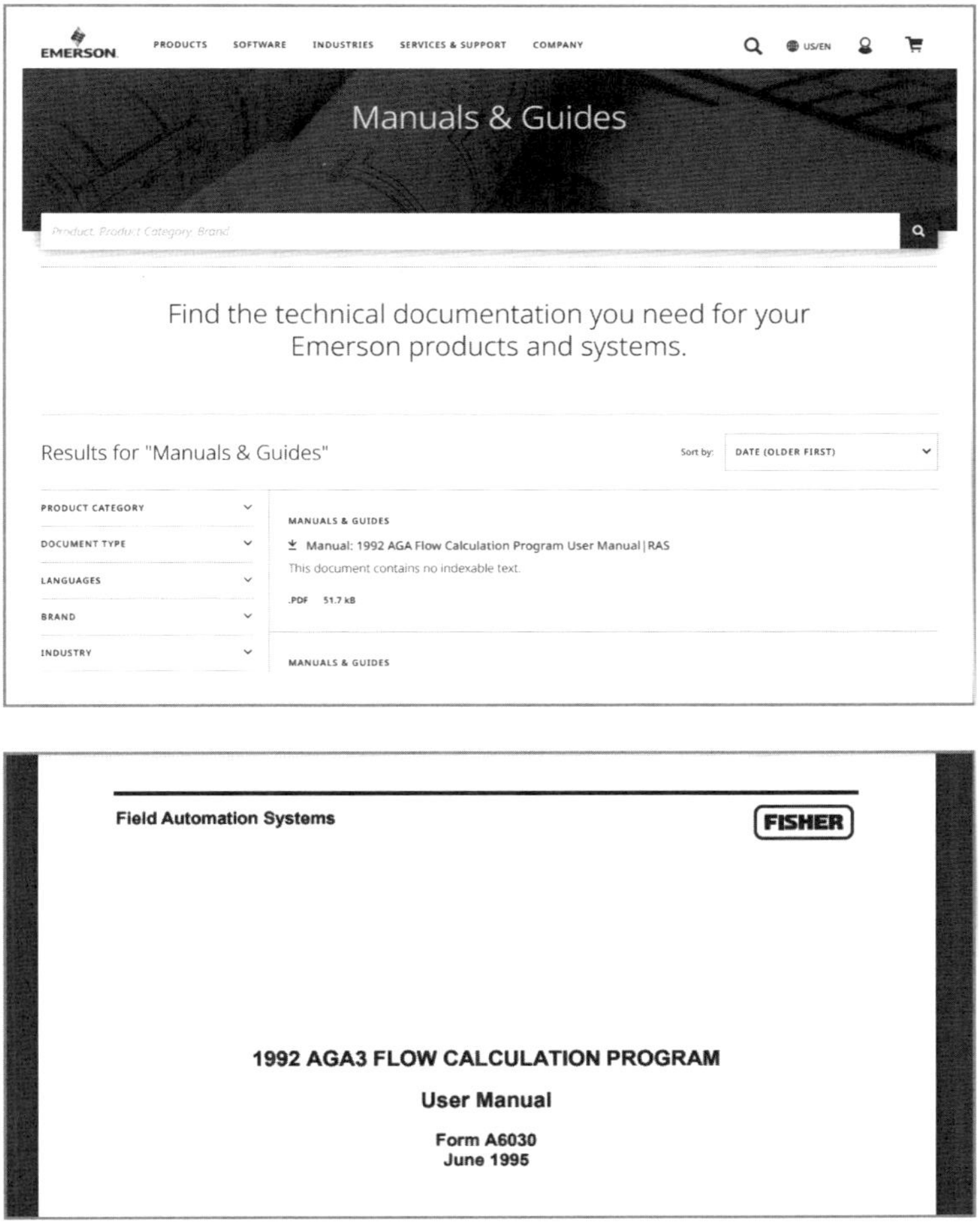

（出所）https://www.emerson.com/en-us/support/manuals-and-guides

上を大きくできるロングテールは、インターネットの象徴的な特性です。ＢｔｏＢ製造業ではこれまで、マイナーな製品、発売から時間の経った製品、生産終了品、オプション品、消耗品、付随する大量のドキュメント類について、十分な情報提供がなかなかできませんでした。それが今では、ウェブサイト上に情報を置いておけば、頻繁ではなくても参照されますし、時には問い合わせにつながります。期待薄な情報であった分、あった時の顧客の満足度は、むしろ高くなることでしょう。

大量の情報源を最大級に活用しているのが、精密機械部品のメーカー兼商社のミスミグループです。同社は実に３０００万点の商品を扱い、サイズのバリエーションまで含めると８００垓（1兆の８００億倍）という驚異の品揃えを実現しています。

大量の情報源の利活用は、デジタルコミュニケーションのパワーの源泉です。逆に言えば、以前と同じ量の情報発信しか行わないのであれば、インターネットの価値は半減です。**顧客ニーズに基づいて発信すべき情報を幅広く検討すること、社内の情報源も棚卸しして再活用すること、大量の情報の活用基盤としてのデータベースを整備することが、デジタルを使い倒す大前提となります。**

②必要な情報だけを見せる

自社商品についてあらゆる情報を提供することは、顧客に、「あのウェブサイトを見れば必要な情報を得られる」という安心感をもたらします。だから、企業のウェブサイトは、デジタルコミュニケーションの中心に位置づけられるのです。

ただ、いかに有益でも、大量の情報を工夫なく提供するのは逆効果です。情報の受け手側の気持ちを想像してみてください。膨大な商品情報を未整理なままでウェブサイトに並べても、顧客は混乱するだけでしょう。

皆さんのオフィスにも、膨大な資料がサーバー内にあるはずですが、整理されていないために探し出せなかったり、そもそも役立つ資料の存在に気づけていなかったりするのではないでしょうか。

人は選択肢が多くなるとストレスが増え、決断力が低下します。**デジタルは確かに膨大な情報を扱えますが、大切なのは必要な情報だけを提供する工夫です。**

例えば制御機器やヘルスケア製品を手掛けているオムロンの場合、制御機器事業ウェブサイトの商品情報ページに「形式や製品名をキーボード入力して探す」「目的・仕様から探す」「形式名の頭文字から探す」「改善・活用事例から探す」の選択肢が用

図表2-4 オムロン　必要情報に最短距離でたどり着けるナビゲーション

（出所）https://www.fa.omron.co.jp/products/　　画像：オムロン提供

意され、さまざまな経路で希望の情報に到達できるように工夫されています。また、「センサ」「FAシステム機器」などのカテゴリー別で製品を探せるようにもなっています。紙の製品カタログなら、製品は製品番号順など1つの基準に沿って並べられ、ユーザーはページをめくって目的の製品にたどり着くしかありませんが、デジタルなら、容易に絞り込みができるので、ユーザーは余計な情報を飛ばして、製品を探し出すことができます。

　受け手が望む形での情報提供でも、探しやすさは向上します。左で紹介しているのは、光電子増倍管などの光関連機器を主力とする浜松ホトニクスの、

図表2-5 浜松ホトニクス　表の表示項目も必要なもののみに

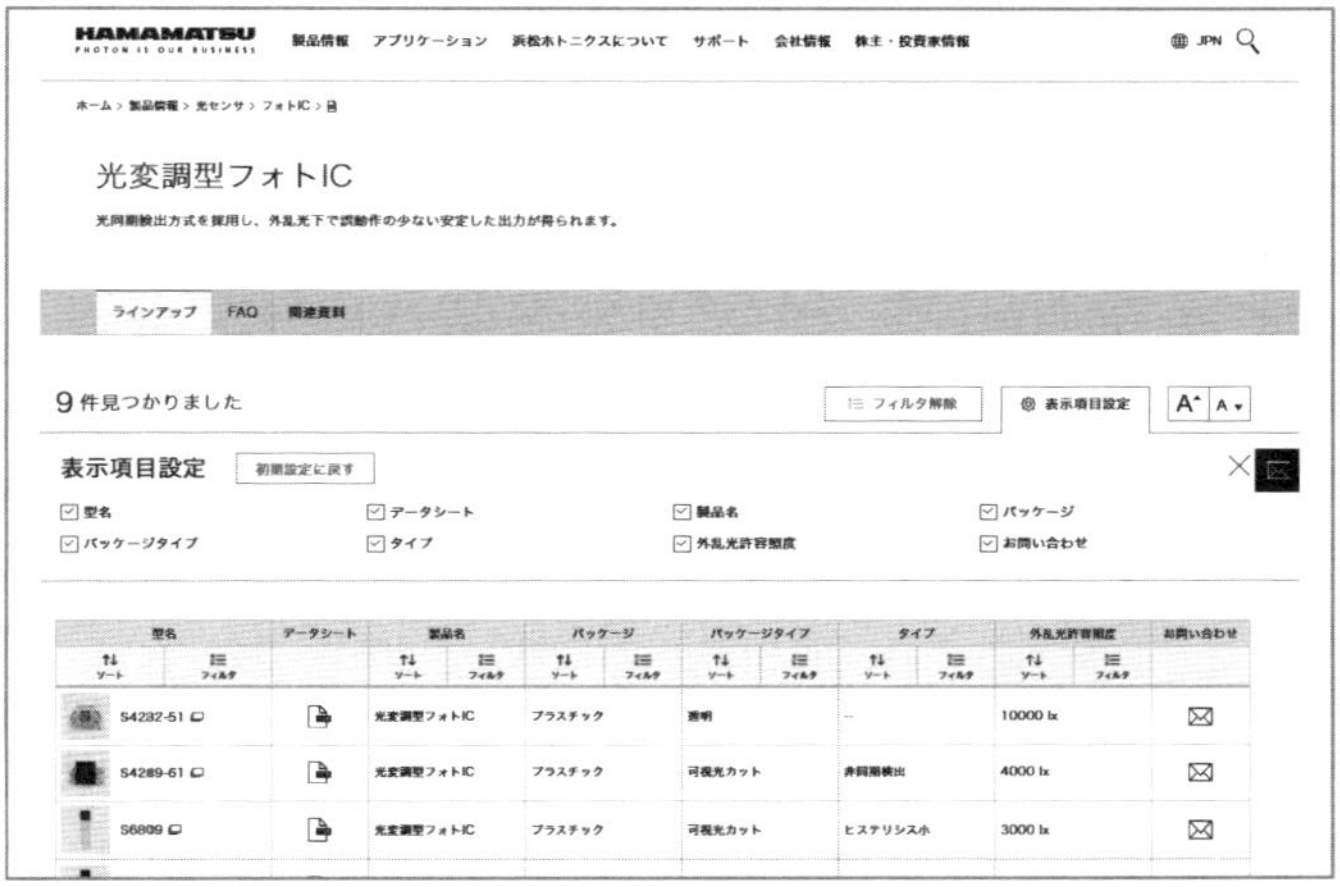

（出所）https://www.hamamatsu.com/jp/ja/product/optical-sensors/photo-ic/light-modulation-photo-ic.html

製品情報ページの1カテゴリーです。このページには「表示項目設定」というボタンがあり、クリックすると、製品のラインナップ表に表示される項目をカスタマイズできます。ユーザーは、関心のある項目に絞ってデータを表示・ソートすることができるのです。

　このように、ただ膨大な情報をぽんと渡すのではなく、受け手がほしい情報だけを切り出して提供することが、デジタル活用の第2の原則です。そのためには、**情報を整理して構造化し、ユーザビリティの工夫で必要な情報に最短距離でたどり着けるようにすること、行動から必要な情報を推測して表示できるようにすることが大切です。**

③必要とする人に届ける

情報は必要とする人に届けなければなりません。

One Red Paperclip という現代版わらしべ長者の話があります。「赤いクリップをより大きなものと交換したい」とウェブサイトで宣言したカナダの若者が、なんと14回の取引を経て一軒家を手に入れたのです。ある人にとってなんでもない情報も、本当に必要な人にとっては価値あることをこの実話は示しています。

清涼飲料のテレビCMは日本中で流す方がいいでしょう。すべての人が必要とするからです。しかし、必要とする人が限られているBtoBの商品情報を日本中に流すのは、効率的とは言えません。そのため、展示会を潜在顧客との出会いの場と位置づけ、そこから見込み客を抽出し、営業がより詳しい情報を提供することが、BtoB製造業にとっての数少ない「必要とする人に届ける」方法でした。

インターネットの登場は、この伝統的な仕組みに大きな一石を投じました。検索によって、情報を必要とする人が、自ら訪れてくるようになったのです。また、ウェブサイトでの行動履歴を見れば、関心のあるテーマ、解決したい問題、その切迫度などが推測でき、誰がどんな情報を欲しているかもわかります。

私たちが支援した電子機器メーカーでは、ウェブ上の顧客の行動分析基盤を構築したことで、顧客の購買プロセスの解像度がグッと高まりました。見込み客の見極め精度が極めて高く、営業活動に大きな変革をもたらしました。

情報を必要とする人を見つけ出すデジタル活用の第3の原則は、大量の情報源を活用して大きな網を広げておくこと、検索と行動履歴から見込み客を見つけること、そして会員サイトなどで個人のニーズを推測することで実現できます。

④必要な時に届ける

同じ情報でも、提供のタイミング次第でその価値は異なります。お腹がすいている時の食事の話は魅力的ですが、食べた直後は興味ないでしょう。情報提供は、タイミングが重要です。

デジタルコミュニケーションは、タイムリーな情報提供を可能にしました。背景の1つは、顧客自ら検索によってウェブサイトにやってくるようになったことです。自分で来るのですから、それは間違いなく必要な時です。

検索は、キーワードに関心がある時に行います。例えば、「金属３Ｄプリンター造形物　品質保証」との検索は、金属３Ｄプリンターでの造形物の品質保証について困りごとがあることを示唆します。ならば、造形物の品質保証についてのＦＡＱや基礎知識、解決事例などを掲載し、ウェブサイトの目につくところに表示することで、顧客に手間をかけることなくタイムリーに情報を届けることができます。

また、ウェブサイト内の行動履歴も、タイミングをとらえる情報源です。関連ページの滞在時間が長く、事例をいくつも見ている様子があれば、このテーマへの本気度が高まっている可能性があります。こうした行動を経てからの問い合わせは、何の前触れもなく来る問い合わせよりも、テーマへの関心が高まった状態のはずです。

顧客ごとにパーソナライズされた会員機能を使えば、購買履歴や保有製品の寿命から、買い替えのタイミングや必要関連商品を推測することもできます。

このように、デジタルコミュニケーションでは、ある情報を顧客が必要とする兆候をつかむことができます。しかも24時間３６５日の間、ずっとウォッチすることができるのです。

必要な時に届けるという第４の原則は第３の原則と同じで、大量の情報の網を広げ、顧客履歴から見込み客を見つけたり、会員サイトでパーソナライズした情報提供をし

たりすることで実現できます。

⑤アクションを起こさせる

「鉄は熱いうちに打て」と言います。**デジタルコミュニケーションでは、〝顧客の興味〟という鉄を熱いうちに打つことが、可能となりました。**

インターネットの登場前は、テレビで面白い本を知っても、買わずに忘れてしまうことが普通でした。知った瞬間と書店に行くまでの間に、時間と距離があるからです。しかし今なら、面白そうと思ったその時にスマートフォンでＥＣサイトにアクセスし、注文しています。デジタルコミュニケーションは、顧客の気持ちが最も高まった瞬間にアクションを起こさせることのできる、まさに「鉄は熱いうちに打て」を地で行く手段なのです。

企業がコミュニケーションを行うのは、有益な情報を提供することで、問い合わせやサンプルオーダーなど、受注につながるアクションをとってもらうためです。ただ、展示会だと名刺を集めてから実際の商談に至るまでの道のりが長く、その間に少しずつ漏れが発生します。④で説明した「必要な時」を見逃してしまうのです。

それがデジタルコミュニケーションならば、顧客は、資料のダウンロード、セミナー申し込み、見積依頼、通話・チャット・メールでの相談、ソフトウェアのダウンロードやアップデート、会員登録、商品の購入、コミュニティへの参加など、多様なアクションを即座に実行できます。**顧客が必要とする時を確実にとらえ、ステップを踏みながら顧客の前進を後押しできるのです。**

実際に顧客にアクションをとってもらうには、ウェブサイトの導線設計が重要となります。よく売れるドリンク類を店の奥に配置して顧客を最深部まで引き込み、レジに行く過程でさらに買ってもらうコンビニ導線と同じで、次に欲しくなる情報やアクションボタンを適切に配置することが、何よりも大切なのです。

情報提供をしながら、そのまま受注につながるアクションにまで一気に持ち込めるようになったことは、これまでの情報発信メディアではできなかった、革命的な変化と言えるでしょう。そしてこの特徴を高度化すると、受注につなぐだけでなく、受注そのものであるＥＣなどのデジタルサービスに発展するのです。

顧客のアクションを促すためには、情報探索の節目に適切な仕掛けを配置しなければなりません。また、顧客のアクションを受けて資料を送付したり、デモ機を用意したりする対応が必要となりますので、一連のプロセスを動かすためのフローやシステム整備も重要となります。

デジタル時代のＣＣとＭＣ

第１章で、企業のコミュニケーションは会社そのものを理解してもらうＣＣと、商品やサービスについてわかってもらうＭＣから成り立っていると説明しました。ここでは、デジタルの登場でＣＣとＭＣがどう変わったのかを見ておきます。なお、デジタル時代のＭＣとは、「デジタルマーケティング」のことなので、以後、なじみのあるこの言い回しも使っていきます。

知ってもらう機会が格段に増えたＣＣ

ＢｔｏＢ製造業が自社を知ってもらうための基本施策は広報やプレスリリースですが、潜在顧客層に届くかどうかはメディアの取り上げ方次第です。大企業はまだしも中小企業ではメディアに取り上げてもらうことが難しいので、広告や展示会が認知を得る主な手段でした。ただし、効果は掲載や開催している期間中に限られる制約がありました。しかもそれは、潜在顧客がその広告メディアを目にしたり展示会に参加していたりすることが前提ですが、絞られたターゲットのＢｔｏＢ製造業ではどうしてもリーチが弱くなる側面がありました。

それが今では、ウェブサイトを通じて、いつでも自社のことを知ってもらえるようになりました。企業概要から採用、ＩＲ、サステナビリティ、関連会社のことなど、ＣＣで発信すべき情報は多岐にわたりますが、これらを必要とする人が自らウェブサイトを訪れるので、必要な時にすぐに届けられるのです。**ＳＮＳや業界ポータルなど、ウェブサイト以外にも情報を置ける場所が大幅に増えているので、会社の存在を伝え、正しく理解してもらう機会は、かつてよりも格段に増えました。**

〝賢い〟潜在顧客が相手のＭＣ

米国の調査会社コーポレート・エグゼクティブ・ボードによれば、ＢｔｏＢにおける購買検討プロセスのうち、57％は営業担当者に会う前に終わっています。**今の潜在顧客は、ウェブサイトやＳＮＳを使いこなすことで、かつてよりも商品や競合、業界**

図表2-6　インターネットがもたらした購買プロセスの変化

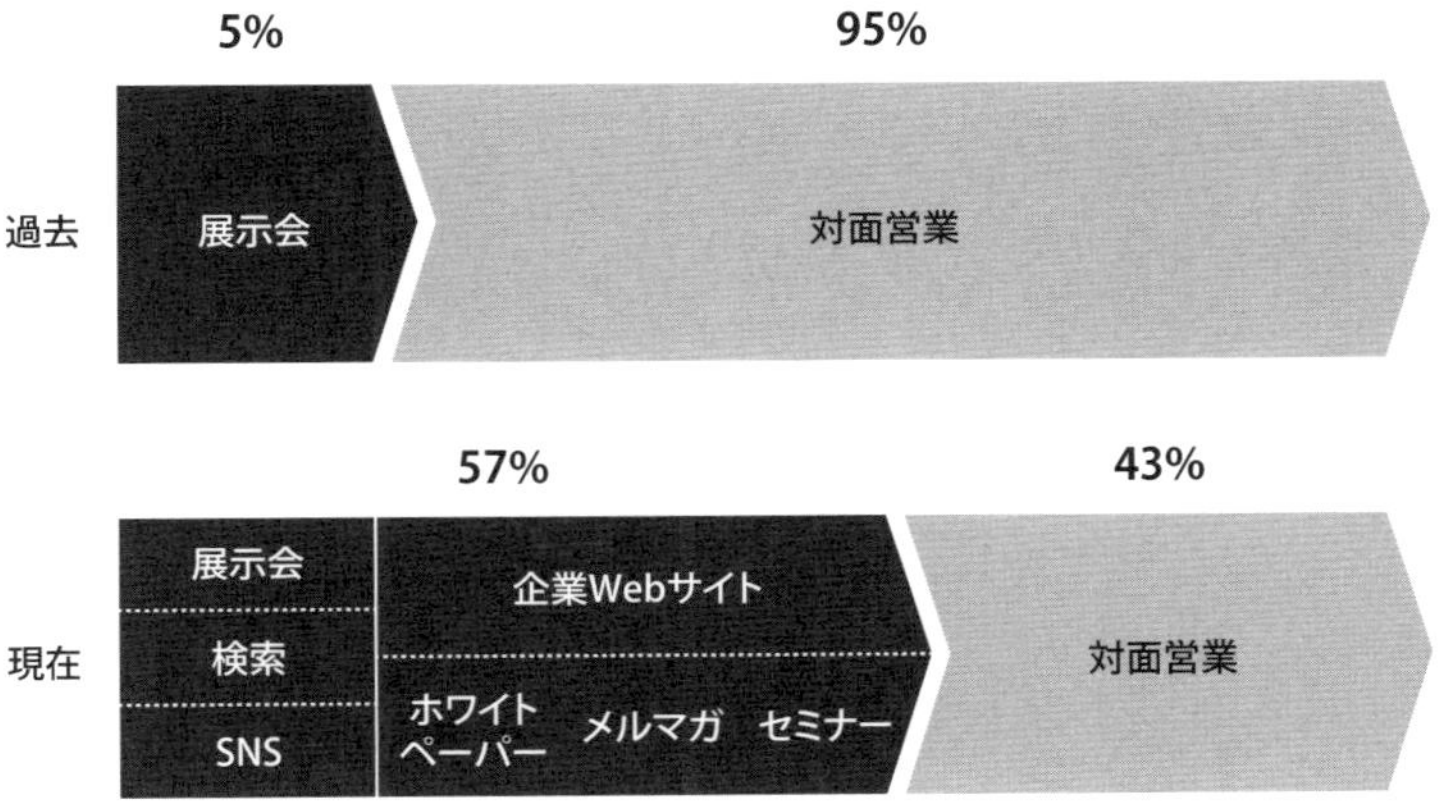
5%
95%
過去
展示会
対面営業
57%
43%
現在
展示会
検索
SNS
企業Webサイト
ホワイトペーパー
メルマガ
セミナー
対面営業

（出所）The Digital Evolution in B2B Marketing

情報に通じた状態で営業担当者と対面しているのです。

　これからのＢｔｏＢ製造業は、このいわゆる〝賢い〟潜在顧客を相手にしなければなりません。ですから、顧客が商品などの情報を仕入れて「賢くなる過程」にどう働きかけ、自社や商品のよさをどうアピールするかということが、デジタルマーケティングのポイントになります。具体的には、①課題解決の検討プロセスに応じた情報を提供する、②製品選定のサポートをする、③データ連携で次の検討プロセスにつなぐ、ことが必要になります。

　インターネット時代になって、購買決定の主権は買い手にシフトしました。これはＢｔｏＣ、ＢｔｏＢを問わずに起きている、現代ビジネスの象徴的な地殻変動です。

しかし、**ＢｔｏＢ製造業では検討すべき内容が多かったり複雑だったりするので、大量の情報を渡すだけでは潜在顧客もうまく活用できません。**そこで、課題解決の検討プロセスに応じたコンテンツ提供や条件入力による製品の絞り込みなどで、顧客が情報の海を上手に泳ぐ手助けをします。さらに、潜在顧客の本気度が上がった兆候をデータ分析でとらえて次の対応につなげ、受注確度を上げていくのです。

「モノ売りからコト売りへ」と言われるようになって久しくなります。製品単体の機能を訴求するのではなく、顧客が課題を検討している段階で解決策を示すことで付加価値を上げるアプローチです。「ソリューション営業」「価値提案営業」とも言われるコト売りは、競合との技術格差が小さくなり、機能訴求だけでは差別化できなくなることを見越した先人の教えなのです。そしてお気づきのように、デジタルマーケティングとは、このアプローチの実践に他なりません。

潜在顧客がインターネットを駆使して「賢くなる過程」に積極的に関与することで、少しでもこちらを向いてもらう確率を上げる。これが、デジタル時代のマーケティングです。

ＣＣとＭＣは、インターネットの登場で密接な関係になりました。今や企業紹介ペ

図表2-7 BtoB製品の購買検討プロセスとマーケティング施策

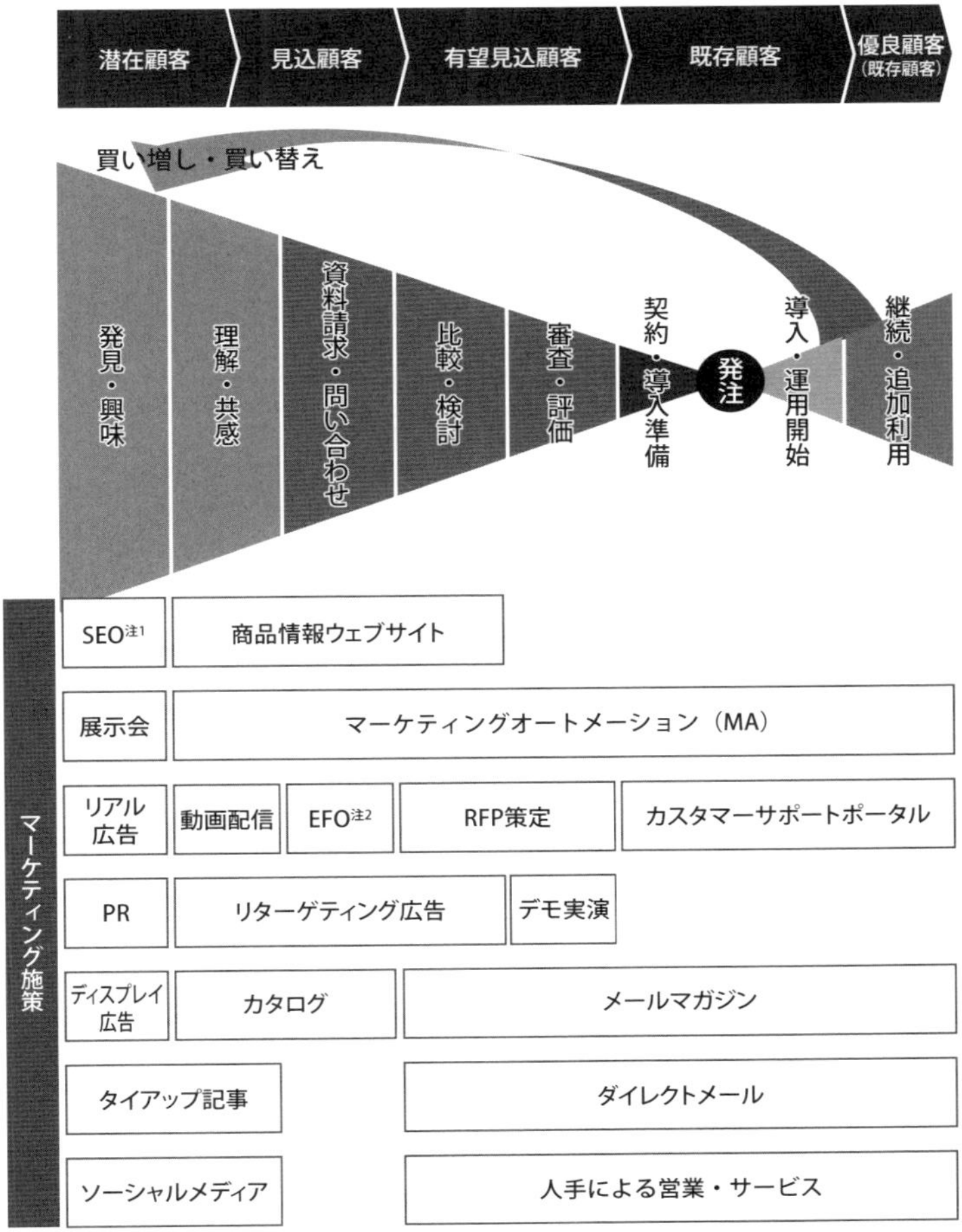

（注1）Search Engine Optimization：検索エンジン最適化
（注2）Entry Form Optimization：エントリーフォーム最適化
（出所）イントリックス作成

ージと商品情報ページは、ワンクリックで行き来できます。自分に合った商品を見つけやすいウェブサイトやアプリは、企業の好感度向上につながります。また従来の顧客は、知っている企業の商品を検討するのが普通でしたが、今は企業名を意識せずに商品検索する過程で未知の企業を知ることも珍しくありません。企業と商品を同時に知る機会が増えているということは、CCとMCのタイミングも重なるのです。

CCとMCは、視点が長期と短期、見る範囲が全社と部門・商品群と異なり、ばらばらになりやすいので、統合的に管理すべきだという考えは昔からありました。しかし、デジタルの登場で、両者は非常に近くなりました。CCとMCをシームレスにつなぐことは、これまで以上に重要になっています。

業種で異なる デジタルコミュニケーションの使い方

ここまで、BtoB製造業を1つの塊でとらえてきましたが、デジタルコミュニケーションの使い方は、業種によって異なります。ここではBtoB製造業を構成する

3つの業種の、それぞれの活用状況を見てみましょう。

素原材料

化学・鉄鋼・パルプ・窯業、そして高機能材料などの素原材料メーカーの製品には、定まった形がありません。性能が違っても、見た目はみなペレットやロール、膜、液体ですから、カタログ的にビジュアルで見せる意味はあまりありません。カスタマイズ比率が高いこともあり、**ウェブサイト上では、技術力の訴求と用途提案が重要となります**。古い年代にまでさかのぼる論文アーカイブを整備しておくと、思わぬ問い合わせにつながることがあります。

部品・部材

電子部品や機械部品、建築部材は数万〜数十万種類と非常に多品種で、汎用品・セミカスタマイズ品も多いため、ウェブサイトで体系立てて見せることが顧客の利便性につながりやすい商材です。そのため、ＢｔｏＢ製造業の中では早くから大がかりな取り組みが進んでおり、ＥＣや会員機能、手厚いリファレンスライブラリ、ユーザーコミュニティが発達しています。

顧客である設計エンジニアに、開発に携わる製品の発売半年前から数年前の設計図に自社商品を組み込んでもらうスペックインを狙って、サンプル品の発注を得ることが、デジタルマーケティングの重要なゴールとなります。

扱う情報量が多いので、商品やドキュメントのデータベース整備とその検索性が、ウェブサイトの利便性の鍵を握ります。その際、システム開発の負荷が高いために、そちらに重点を置きすぎてユーザビリティがおろそかになる傾向のあることが課題です。

完成品

工作機械、計測装置、農機、空調などの完成品は、部品・部材ほど種類は多くなく、逆に一つひとつの商品で説明すべきことがたくさんあります。そこで、体系化したラインナップを示し、商品ごとに概要、特長、仕様、導入事例などを見せるのが基本形です。

ユーザーは必ずしも機器の専門家ではないことを前提とする情報発信が求められます。生物顕微鏡を使うバイオ研究者、農機を使う農家は、顕微鏡や農機に詳しいわけではないので、機能や操作についてわかりやすい説明が欠かせません。またどの分野においても必ず新人・未経験者がいるので、業界の基礎知識や用語集などの「基礎コンテンツ」は喜ばれます。そして、セルフメンテナンスマニュアルやトレーニング、部品ECなど、**使用期間中のサポートにもデジタルコミュニケーションが活用されています。**重機のオペレーターに外国人が増えていることを受けて、日本のウェブサイトで多言語マニュアルを提供している企業があるのは、そのいい例でしょう。これなど、広大な情報スペースを活かしてマイナーなニーズに応える、デジタルらしい情報提供と言えます。

完成品の寿命は長いので、更新時期の把握がマーケティングの鍵を握ります。進んだ企業では、サポート・メンテナンス行動や中古も含めた検索行動から、精緻な買い替え時期の予測を行っています。

完成品メーカーは、74ページで触れた「ソリューション営業」を最も求められている業種です。完成品単体での技術差が小さくなっている一方で、スマート工場、スマートビルディング、スマート農業など、複数商品にITを組み合わせた提案力が今後のビジネスの行方を左右するため、実験的な取り組みの紹介や未来を描くことにも力を入れています。

リアルとデジタルを行き来する潜在顧客

デジタルコミュニケーションは社会に計り知れないメリットをもたらします。あまりの便利さゆえに、ＢｔｏＣでは書籍の購入や銀行・証券取引、旅行の手配などが大きくデジタルにシフトしました。時代が進めば、その比率はもっと上がるでしょう。

しかし、ＢｔｏＢ製造業においては、従来からある対面や展示会などのリアルのコミュニケーションも、引き続き必要とされます。理由は、大型の設備や機械などの高額商材になるほどカスタマイズ性が強く、汎用的な情報提供だけでは不十分だから。そして、目的の用途にかなうかどうかの判断を、顧客だけでは下しにくいからです。

そのため顧客は、図表２−８に示すようなリアルとデジタルのコミュニケーションチャネルを、状況に応じて使い分けることになります。例えば、工場の脱炭素化ソリ

図表2-8　リアルとデジタルを行き来する潜在顧客

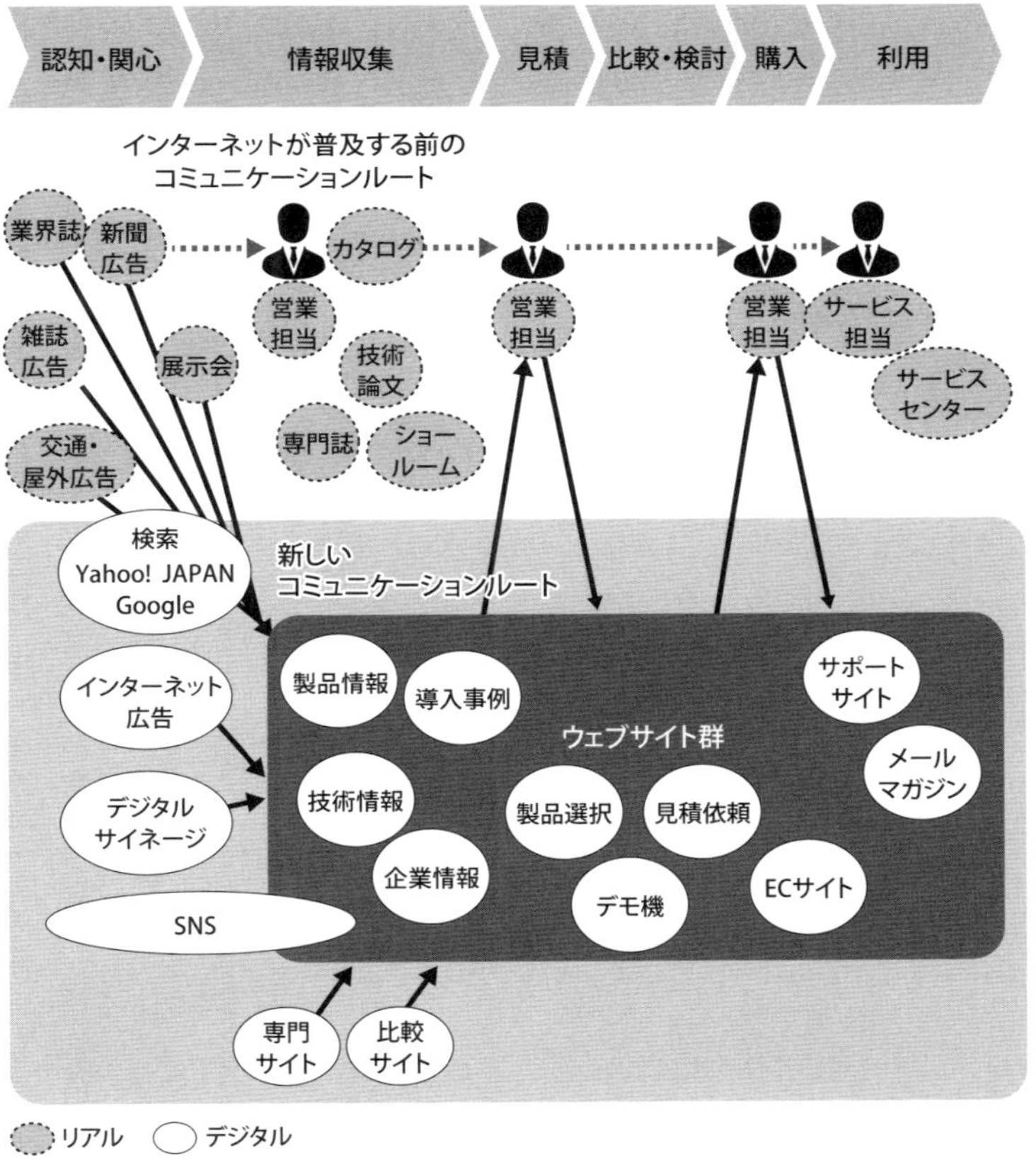

（出所）イントリックス作成

ユーションを探すゼネコンの担当者は、次のような流れで検討を進めます。

まず、担当する工場に使えそうなソリューションについて、展示会や製造業メディアなどで広く情報収集をします。そしてある程度あてを付けたら、メーカー各社のウェブサイトで関連する情報がないかを調べます。もう少し深掘りしたい場合、個人情報を登録して詳細冊子をダウンロードしたり、関連セミナーに申し込んだりします。この段階で、面談を依頼することもあるでしょう。ゼネコン担当者が施主から具体的な提案を求められている場合は、リアルでの商談が進みますが、途中でメーカーサイトや業界ポータルサイトで情報を仕入れ、商談に向けた情報武装も進めていくはずです。

このように、**顧客はリアルとデジタルの間を行き来します。スムーズに往来してもらうには、リアルとデジタルの役割をはっきりさせて、両者の間にわかりやすい導線を敷いておかねばなりません。そのために欠かせないのが、リアルとデジタル両方を包括するコミュニケーションの全体設計です。**

先行する海外のＢｔｏＢ製造業

第1章で紹介したデジタルコミュニケーションのお手本、MLB.comの特徴は、デジタルコミュニケーションの利点を最大限に活用していることです。情報を置くスペースが無制限である特長を活かし、詳細な統計や過去データを掲載。その表現方法は、動画やインフォグラフィックをふんだんに使って多様ですし、好きな切り口で見られる双方向機能が用意されています。

同様に、海外ＢｔｏＢ製造業にも、参考にすべき取り組みが多々あります。例えば、世界最大手の農機ブランド、米・ジョン・ディアのウェブサイトには、多彩なサービスが用意されています。

さまざまな農機の情報を閲覧できるのはもちろん、必要な製品を機能や価格などの切り口で検索できたり、他社製品と比較検討したりすることも可能です。また、メンテナンスなどのサポート、中古機器の販売サイトまで自前で提供しています。

中でも注目したいのが、メンテナンス部品のＥＣサイトです。

農作業の繁忙期に農機が故障すると、収穫が遅れて大きな損害が出ます。ですから、農機のトラブルは迅速に直すことが、農場経営の基本です。ところが、同社が本社を置くアメリカは国土が広大なので、修理を依頼してもすぐに対応してもらえるわけではありません。そのためアメリカには、部品だけを取り寄せて自ら修理をする農場がたくさんあります。

そこでジョン・ディアのECサイトでは、わかりやすい手順で交換部品を探し当て、購入できるように工夫を凝らしています。まず、農業機械の型番を入れると、エンジンや燃料タンクといったパーツの分解図が表示されます。次に燃料タンクの部分をクリックするとさらに細かい分解図が示され、もう一度クリックすると、そのパーツを構成するネジやボルトなどの部品が示されるのです。ここで必要な部品を選ぶとECのカートが表示され、在庫があれば数日以内に部品を受け取ることができます。手元にパーツリストがなくても、分解図をたどっていけば、数ある部品の中から目当てのものを直感的に購入することができるのです。

必要な部品をストレスなく探して入手できるECサイトがあることで、農場経営者は、トラブルがあっても安心して対処できます。使いやすい部品ECサイトがあることが、他社との差別化要素になっているのです。また、いつでも部品を手に入れられ

図表2-9　ジョン・ディアの部品EC

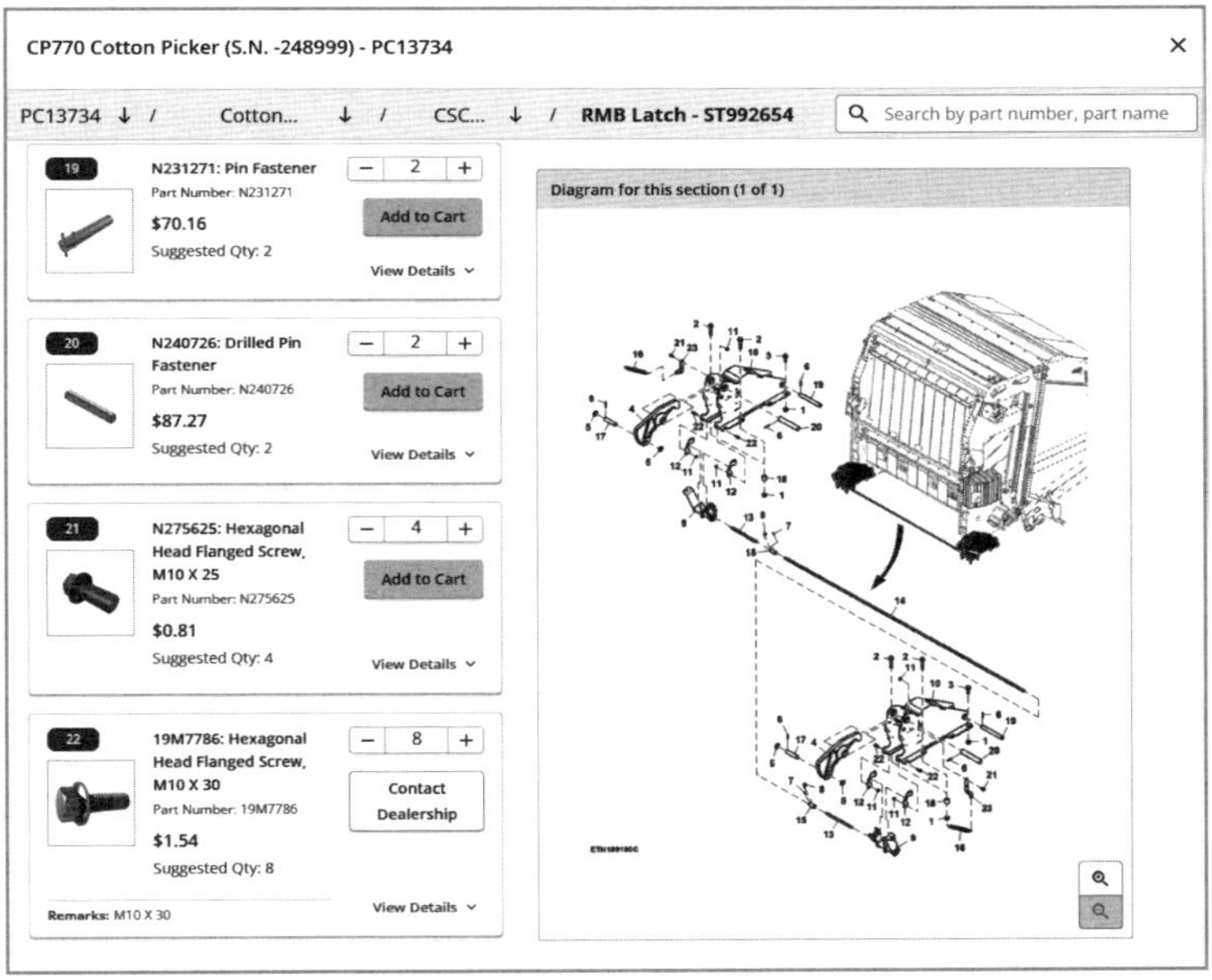

（出所）https://shop.deere.com/us/

る安心感は、中古価格にもいい影響を与えます。ＥＣサイトには担当ディーラーも登録されており、ディーラーとジョン・ディアが一体となって農機の安定稼働を支える仕組みであることがわかります。

20年以上ＢｔｏＢ製造業のデジタルコミュニケーションに関わっている私は２０００年代初頭、あるプロジェクトでジョン・ディアについて徹底調査をしました。画面の使いやすさや情報量はその頃からだいぶ進化したものの、驚くべきことに、今お話ししたことの原型は当時すでにあったのです。

その頃の日本企業は、ウェブサイトを会社紹介＋カタログレベルの製品紹介の場としてしか考えていませんでした。それに対し、**ジョン・ディアはデジタルコミュニケーションと農機ビジネスの親和性に気づき、「大量の情報源をベースに、必要な情報だけを、必要とする人に、必要な時に届け、アクションを起こさせる」ための長い旅をすでに始めていたということです。**

米国は国土が広く、ディーラーと顧客のコミュニケーションをサポートするために、部品のデータベースなどが古くから整備されていました。デジタル活用の発展を支えるそうした下地があったとは言え、早くからデジタルの本質を見抜き、20年という長い年月をかけて仕組みを整えてきたすごみを、私はジョン・ディアにもMLB.comにも共通して感じるのです。

ウェブサイトの見栄えのよさといった表面的なものにとらわれるのではなく、自社のビジネスに合った形で大量の情報源を活かす道を探る。そして、リアルとデジタルを一体化させた本質的なコミュニケーションを構築する。それはこれからのＢｔｏＢ製造業にとって、絶対に欠かせない姿勢だと言えるでしょう。

第3章

デジタルコミュニケーションの全体像とステージ別実践方法

大都市のように複雑なデジタルコミュニケーション

デジタルコミュニケーションと聞いて真っ先に思い浮かべるのは、ウェブサイト、SNS、オンライン広告、SEO（検索エンジン最適化）、データ解析、システムプラットフォームなど、人それぞれでしょう。それだけデジタルコミュニケーションの施策は多種多様です。

ウェブサイトをビルの建築になぞらえて語ることがあります。何もない状態から設計・構築し、立ち上げた後も保守・運用をしながら育てていくところが似ているからです。

企業のデジタルコミュニケーションは、企業ウェブサイト、各国ウェブサイト、子会社ウェブサイトに、SNSやアプリ、オンライン広告など、さまざまなデジタル顧客接点から形成されます。ウェブサイトはビルですから、デジタルコミュニケーションはその集合体である、複雑な大都市と言えるでしょう。また、**デジタルコミュニケ**

図表3-1　デジタルコミュニケーションの構成要素

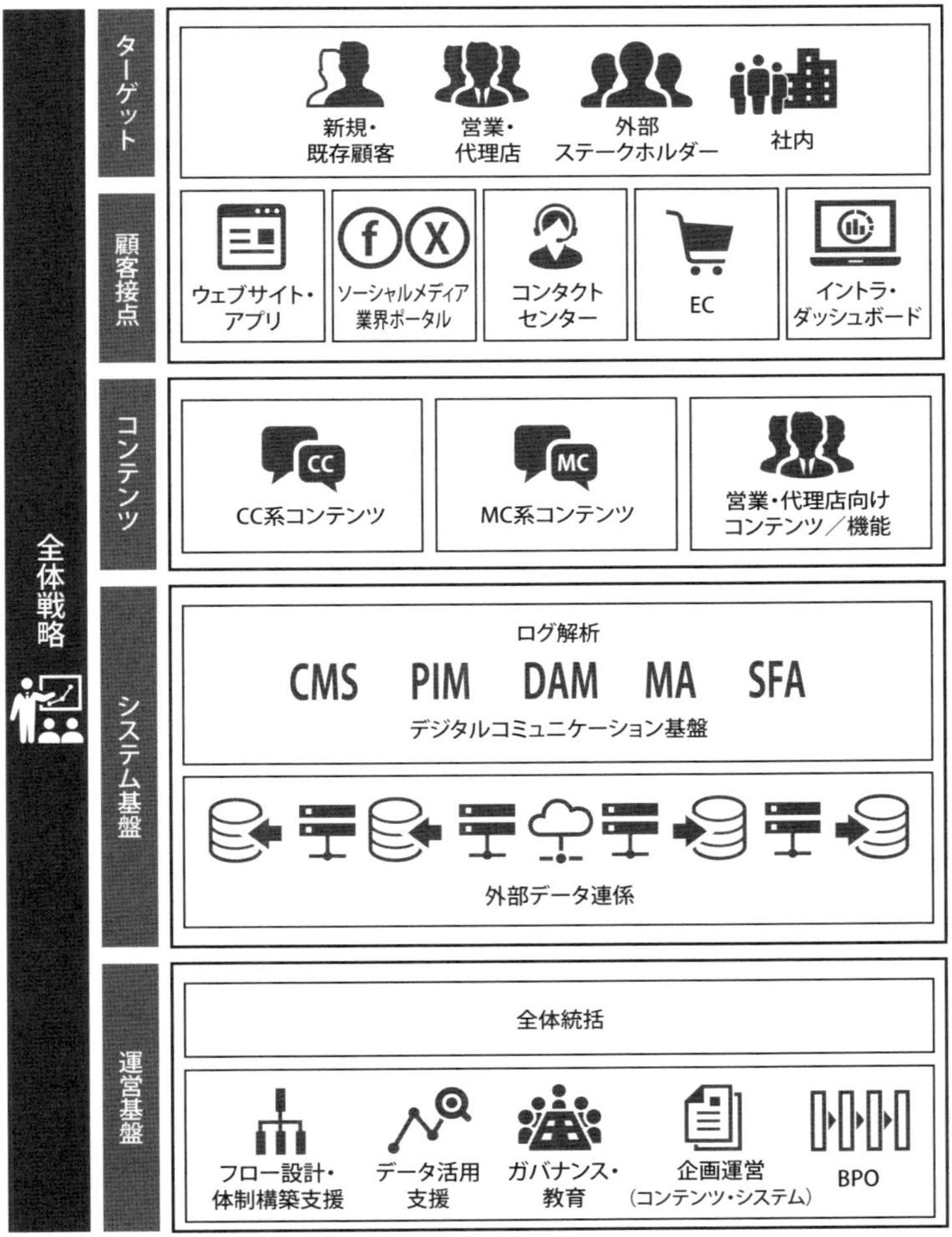

（出所）イントリックス作成

ーションを支える各種システムは、電気・ガス・水道などの公共インフラと見ることができます。

過去30年の間に多くの企業が取り組んできたのは、各デジタル顧客接点やシステムを個別に整備することでした。まずはやってみることが大事だったので、当初は全体のバランスという視点が欠けていてもよかったのです。しかしこれからは、全体最適の視点に切り替える必要があります。

過ごしやすい都市は、住居やオフィス、公園、公共インフラの連携がとれているものです。同様に、**デジタルコミュニケーションの力を最大限に発揮させるには、各要素を連携させて全体最適を目指さなければなりません。**

例えば、新商品の発表の際には、ウェブサイトに商品ページを用意しておき、広告や広報、SNSで集客するとともに、データ解析で見出した見込み客には詳細情報を送るといった連携プレーが必要です。ただそのためには、自社が手掛けているデジタルコミュニケーションの全体像を把握しておかねばなりません。

しかし、この10年で急速に巨大化したこと、工場と違って形が目に見えないこと、そして日々変貌していることなどから、**自社のデジタルコミュニケーションの全貌をつかめている企業は、実は少数です。**システムを全社俯瞰するはずのIT部門は伝統的な業務システムのことで手一杯で、後発のこのテーマについては手が回っていません。コミュニケーションを統括するコーポレートコミュニケーション部門も、各国・各事業部で増殖するデジタル顧客接点の把握までは追いついていないのが実状です。

でもだからと言って、企業の価値の源泉である顧客接点を把握できていないままに放置しておいてよいわけがありません。そこで第3章では、巨大なデジタルコミュニケーションの全貌を明らかにし、その整備の進め方を見ていきます。

中心となるのはウェブサイト

大量の情報を発することができるのがデジタルコミュニケーションの大きな特徴なので、核となるのは、最も多い情報を扱えるウェブサイトです。SNSやアプリ、広告で発信される情報は、ある部分を切り取った情報にすぎず、すべてがあるのはウェブサイトだけなのです。**ウェブサイトでは「あの会社と商品のことは必ず載っている」という安心感の提供を目指します。**ただし、大量の情報を置くだけでは混乱するので、ユーザビリティを高めて伝わりやすくすることが大切です。

図表3-2 デジタルコミュニケーションの中心はウェブサイト

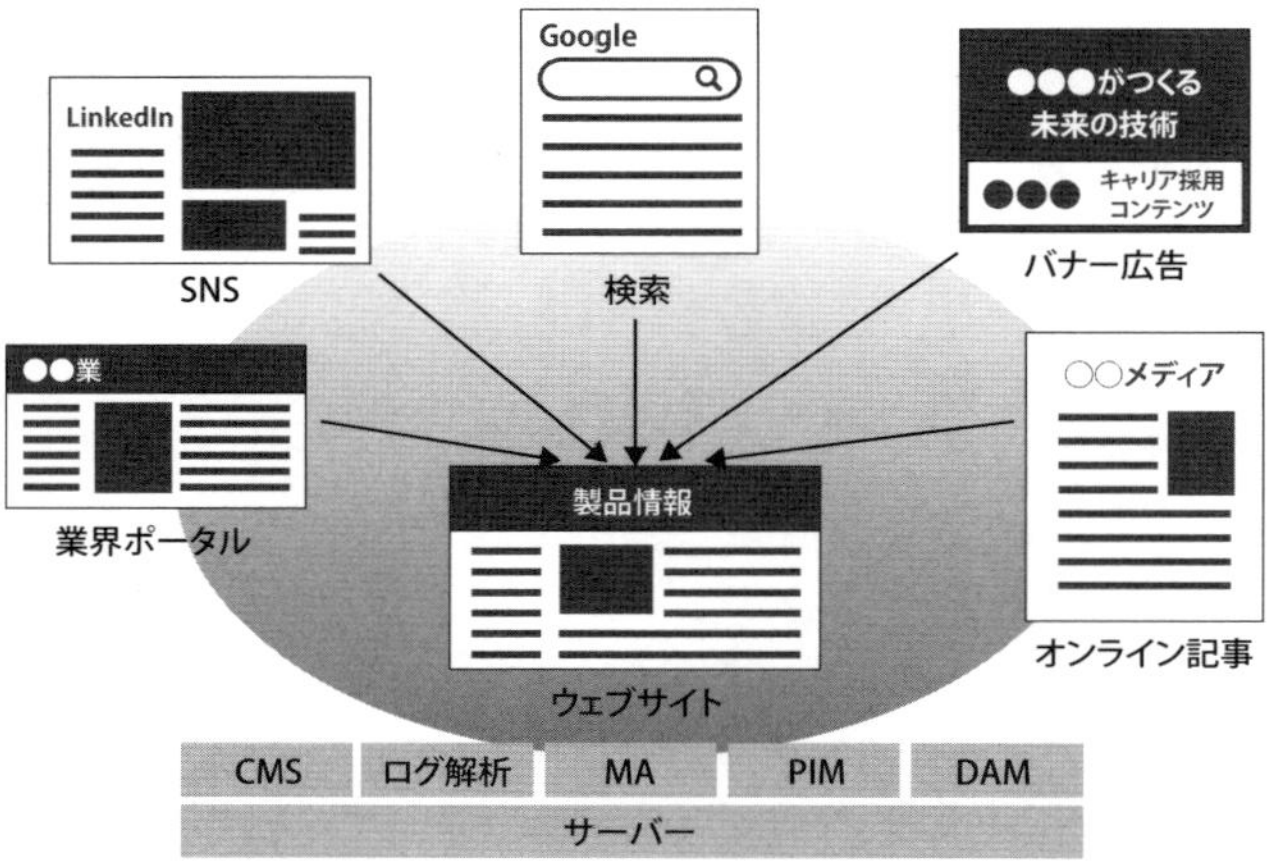
LinkedIn
SNS
Google
検索
●●●がつくる
未来の技術
●●● キャリア採用コンテンツ
バナー広告
●●業
業界ポータル
○○メディア
オンライン記事
製品情報
ウェブサイト
CMS
ログ解析
MA
PIM
DAM
サーバー

（出所）イントリックス作成

そして、潜在顧客に広くリーチし、ウェブサイトに顧客を導くのが広告・SNSです。**広告・SNSで潜在顧客の気を引いて集客し、ウェブサイトで潜在顧客の情報ニーズに応えるという役割分担になります。**

広告はさまざまな潜在顧客層に、そしてSNSは自社のファン層に、その時伝えたい情報を伝える役割を担います。SNSは「フォロワー」という自社に関心のある層を抱えるので、リピート訪問を促したり、休眠客を掘り起こしたりすることが得意なのです。

業界の情報が集約されている業界ポータルは、いわばデジタル空間に常設された展示会のような存在です。業界に関心のある潜在顧客にリーチできることから、近年、デジタルコミュニケーションの一端を担うようになっています。

なお、経営規模が小さい企業の中には、ＦａｃｅｂｏｏｋやＸ（旧Ｔｗｉｔｔｅｒ）、ＢｔｏＢに強いＬｉｎｋｅｄＩｎなどのＳＮＳを通じた情報発信に重きを置くところも少なくありません。ウェブサイトを更新するより簡単に使える点で、中小企業には手ごろな発信ツールと言えるでしょう。

ただ、ＳＮＳは、あくまで運営会社の持ち物であり、運営会社の意向である日突然ルールが変わってしまうことには留意してください。最近では、旧Ｔｗｉｔｔｅｒの方針転換によって大きな混乱がおき、多数のユーザーの離反を招きました。

対して、ウェブサイトは自社の持ち物であり、誰かに振り回されることはありません。このように**安定性が高く、積み上げた情報資産を確実に活かせることも、ウェブサイトがデジタルコミュニケーションの中心となる理由です。**

大量の情報管理を支えるシステムプラットフォーム

目には見えませんが、**ウェブサイトの裏側にあるシステムプラットフォームは、大量の情報を届けるための大切な役割を担います。**

情報の置き場所であるサーバーは、ページ表示速度などの快適な閲覧環境を実現します。ＣＭＳ（コンテンツ管理システム）は、専門知識がなくてもウェブサイトのページ作成を可能にします。ＰＩＭ（商品データベース）は、設計・製造向けとは別のマーケティング用商品情報の源です。ＤＡＭ（デジタル資産管理システム）は、販促用の写真・動画・カタログといった情報素材を管理します。ログ解析ツールは、アクセス数やページ閲覧数などの動向を追い、ＭＡ（マーケティング自動化ツール）は、ウェブサイト上の顧客行動を点数化して最適なマーケティング行動につなげます。

システムについては、聞きなれない単語やアルファベットが多く、頭に入りにくいと思いますが、本書ではいろんなシステムが動いているということだけ把握いただけ

図表3-3　デジタルコミュニケーションのシステムプラットフォーム

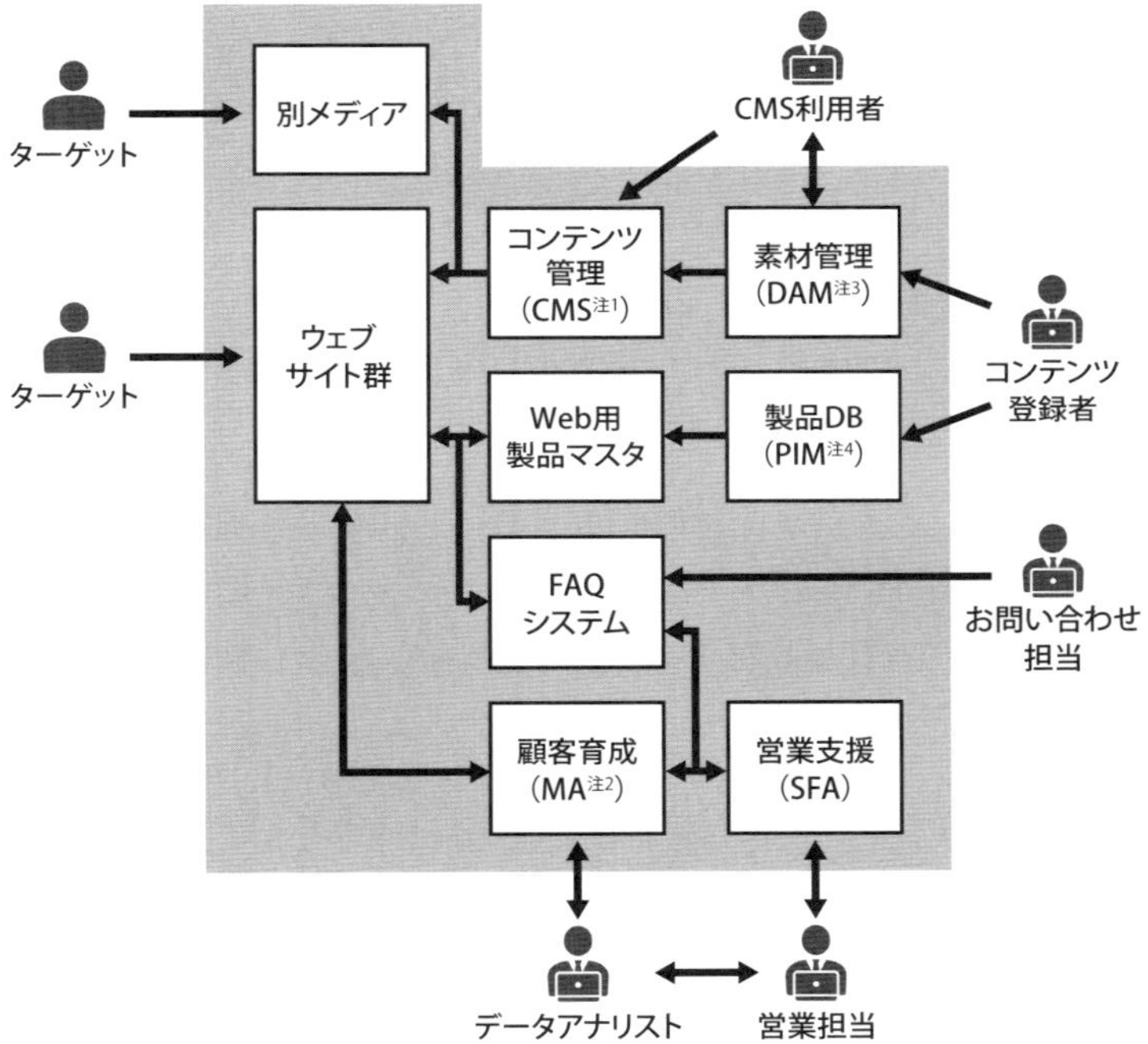

（注1）CMS：専門知識がなくてもウェブサイトのページ作成を可能にする
（注2）MA：ウェブ上の顧客行動を点数化して最適なマーケティング行動につなげる
（注3）DAM：販促用の写真・動画・カタログといった情報素材を管理する
（注4）PIM：設計・製造向けとは別の、マーケティング用商品情報の源
（出所）イントリックス作成

図表3-4 BtoB製造業のデジタルコミュニケーションの全体像

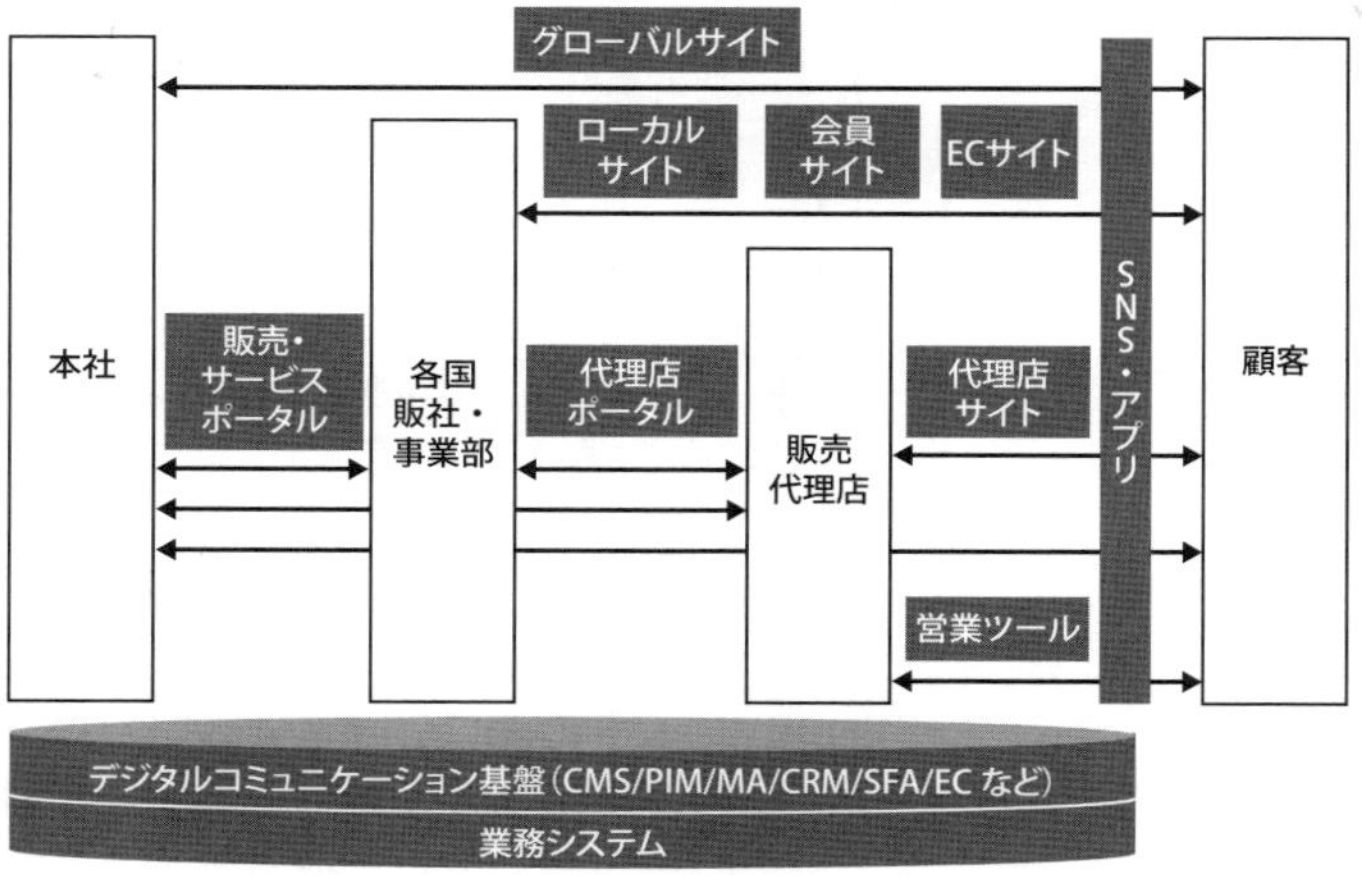

（出所）イントリックス作成

れば十分です。

ただし、**デジタルコミュニケーションを高度に使いこなすには、各システムをしっかりと構築し、互いに連携させることが必要です。**デジタルコミュニケーションが期待した成果を生まないという悩みは多くの企業が抱えていますが、すべての土台となるシステム整備を、軽く考えていることが一因です。**個別最適で構築されていると、つなげようとしてもつなげられないのです。**

以前はゼロからつくるしかなかったシステムも、さまざまなパッケージが出てきたことで、たしかに導入のハードルは下がりました。しかし、**いずれ互いを連携させる可能性があるならば、その姿を**

早いうちから見すえておかないと、後で困ることが多くあることは、理解しておいてください。

このウェブサイトとシステムプラットフォームが、デジタルコミュニケーションの基本セットとなりますが、高度な使い方になると、潜在顧客や投資家、採用候補者をターゲットとする企業ウェブサイトの他にも、既存顧客向けの会員サイトやECサイト、販売代理店向けポータルサイトなどが並立することになります。掲載情報の内容や深さはそれぞれで異なりますが、共有できるコンテンツやシステムもいろいろとあります。**投資や運用の効率性を上げるためには、将来をにらんで各ウェブサイト間に横ぐしを刺す視点を持ちながら、整備を進めることが重要です。**

活用の肝はコンテンツとデータ分析

多くのBtoB製造業は、使いやすいウェブサイトに、ログ解析やMA、SFA（営業支援ツール）などの各種ツールの導入を済ませています。第1章で説明した、①自社が提供できる価値を正しく認識する、②情報ごとに最適な表現を見つける、③し

図表3-5　企業と顧客を結ぶのはコンテンツ

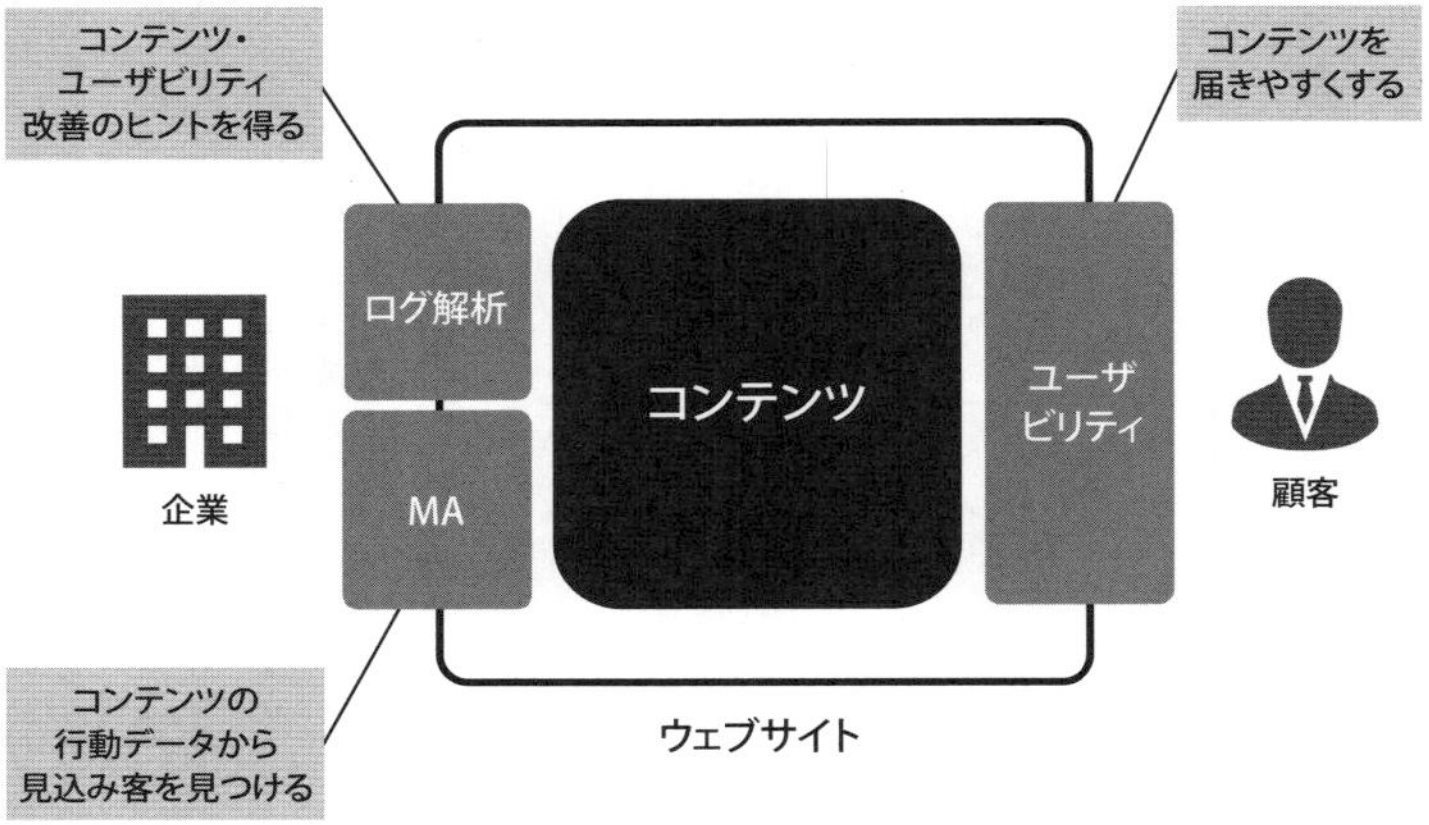
コンテンツ・
ユーザビリティ
改善のヒントを得る
コンテンツを
届きやすくする
ログ解析
MA
コンテンツ
ユーザ
ビリティ
企業
顧客
コンテンツの
行動データから
見込み客を見つける
ウェブサイト

（出所）イントリックス作成

かるべき相手にコンテンツを届ける、という3つのステップを踏む仕組みは、おおむね整っているはずです。

しかし、満足いく結果を出せている企業は限られます。要因の1つがコンテンツの不足です。**多様な接点を通じ、潜在顧客と長期間向き合い続けるためにはそれだけ多くのコンテンツが必要です。しかし、接点の広がりにコンテンツ制作力が追いついておらず、整えた仕組みを活かしきれていないのです。**

そもそも、潜在顧客がウェブサイトを訪れるのは、情報を求めているからです。そして、企業がウェブサイトを運営しているのも、情報を発信したいからです。両者を結びつけるものは情報、つまりコンテンツでしかありません。**いくら高価なシステムを導入しても、ユーザビリティをよくしても、コンテンツがなければデジタルコミュニケーションは成り立ちません。**

整えた仕組みを活かしきれないもう1つの理由が、データ分析力の弱さです。行動分析に基づいて作成した顧客リストが営業の期待とずれていて、顧客訪問に活かされていないという話はよく聞きます。

さまざまなツールの登場により、分析が身近になると期待されています。しかし、ツールはそれ自身に解析力があるのではなく、人による解析を助けるものでしかありません。スコアリングは自動化できても、そもそも各行動に何点つけるかは人が決めます。ウェブサイトへの来訪の中でも、セミナー直後の来訪を特に高スコアとする判断をするには、そこに顧客の本気度があらわれているという仮説を構築する力が必要です。つまり営業に結びつく分析をしたいなら、顧客の行動と背後の思いへの想像力が欠かせないのです。結局、人のデータ解析力も上げておかないと、ツールはただのツールで終わってしまいます。

潜在顧客の検討プロセスごとに、適切なコンテンツを提供して関心度を高め、質の高い商談機会を営業に渡すためには、豊富なコンテンツをつくる力と、顧客の関心を読み取るデータ分析力が大前提となるのです。

ステージ別の実践方法

デジタルコミュニケーションには、数えきれないメリットがあります。ただ、すでにウェブサイトや広告・ＳＮＳを運用していても、これ以上どう歩みを進めていくべきかわからない企業は多いのではないでしょうか。長年取り組んでいる企業でも、今のやり方のまま進めていいという確信は、きっと持てていないことでしょう。

ウェブサイトやマーケティング支援ツールの導入は、お金をかければできます。平均的なＢｔｏＢ製造業は、この段階を終えたところです。

しかし、デジタルが持つ多様な特徴を企業として使い倒せるようになるには、ある程度の時間がかかると思ってください。**デジタルはなんでもできるからこそ、使う側の目的意識がはっきりしていないと、機能の海に溺れてしまいます**。また、デジタルのメリット最大化には部門間連携が欠かせませんが、縦割り組織に横ぐしを刺すのは簡単ではありません。

そこで、乗り越えるべきハードルがいくつもあることを踏まえ、デジタル活用のステージ別に、実践すべきことを説明していきます。

基礎編：すべてのBtoB製造業

ウェブサイトの整備

中核となるウェブサイトの整備がすべての出発点です。さすがにウェブサイトを持っていない会社はないと思いますが、コンテンツ制作体制が弱く、最低限の情報発信や更新頻度になっていることは珍しくありません。

しかし、情報のないウェブサイトには誰も来ません。そこで第1章で述べたように、**情報の棚卸しをしてコンテンツを増やしてください。日々の営業活動の中で、社外に提供している情報はたくさんあるはずですし、少し加工すればウェブサイトに掲載できるものも多いと思います。**

競合・類似業種の研究

競合サイト、類似業種のウェブサイトもしっかり見ましょう。競合が使っている業務システムは外からうかがい知ることはできませんが、ウェブサイトならばいつでも調べられます。どんな情報や機能を提供しているのか。どんな見せ方をしているのか。力を入れている分野はどこか。しっかりリサーチすれば、その企業のデジタルコミュニケーション戦略はもちろん、事業戦略そのものまでが透けて見えてきます。

潜在顧客にとって価値のある情報提供をするためのヒントも満載です。例えば、**自社で出していない情報が競合サイトに掲載されている場合、顧客がそれを欲している可能性があります**。他社が長年続けているなら、ニーズが証明されているようなものですからなおさらでしょう。

事業で競合しなくとも、デジタルコミュニケーションに熱心な類似業種企業の取り組みも、ウェブサイトのあり方を教えてくれます。商品が多品種で品数も多い建材メーカーにとって、同じ特徴の商品群を持つ機械部品商社のＥＣサイトは、商品の体系化や選択機能のつくり、個別商品に付随する情報の見せ方などが、大いに参考になるはずです。

私の知る限り、**デジタルコミュニケーションを重視するＢｔｏＢ製造業は、例外なく、競合・類似サイトを〝徹底研究〟しています**。そして、定期的な分析のアップデートも行っています。参考になる企業のウェブサイトは、常に新たなチャレンジをしているので、下手をすると差を広げられかねないからです。

ＢｔｏＢ製造業には、デジタルコミュニケーション強化の賛同を得ることに苦労している担当者が少なくありません。そこは、百聞は一見にしかず。真剣な取り組みの必要性を理解してもらうのに、競合の先行状況ほど説得力のある材料はありません。無料で公開されているこの情報源を使わないのは、あまりにもったいないと言えるでしょう。

導入事例の拡充

すべてのＢｔｏＢ製造業で必須なのが、導入事例と基礎コンテンツです。どんな業界、どんな規模の企業が、どんな流れで製品を採用したのか。導入時にどんな苦労があり、その企業はどのようにして問題をクリアしたのか。そして、導入した結果、どのような効果が得られたのかなどを実例に沿って紹介する導入事例は、購買検討を行う人にとって安心材料となります。

導入事例の数は多いに越したことはありません。顧客からすれば、多くの事例が紹介されているほど自社と状況が近い記事が見つかりやすくなり、具体的なイメージがわきやすいからです。また、事例が多ければそれだけ、実績が豊富であることをアピールできます。米ＰＣメーカーであるデルの法人部門では、日本国内で約１００の導入事例を収めたライブラリーを用意しています。事例はソリューション別、産業別、製品別などの切り口で検索できるようになっていて、概要はウェブサイトでも公開されています。詳細について知りたい場合は、見やすく編集されたＰＤＦやビデオを手に入れ、顧客が社内回覧できるような配慮までされています。

基礎コンテンツの強化

基礎コンテンツとは各業界の基礎知識や用語集などを指し、ウェブサイトに潜在顧客を引き寄せる役割を果たします。例えば、こうした取り組みに熱心なキーエンスは、ウェブサイト上に「ものづくりお役立ち情報」と題したコーナーを設置しており、ＩｏＴやセンサーなど分野ごとに基礎知識や事例集、用語辞典などの情報を提供しています。また、海外工場に派遣される生産技術エンジニアを念頭に、「製造業エンジニアのための海外業務サポートサイト」という特設サイトがあり、工場現場ですぐに使える英会話・中国語会話の単語やフレーズまでが紹介されています。

ページを見て気づくのが、自社の商品紹介に偏ることなく、中立的に解説を行っていることです。キーエンス商品への誘引はほとんどせず、公的なオンラインスクールのような立場で教えています。

図表3-6 キーエンスの基礎コンテンツ

（出所）https://www.keyence.co.jp/ss/products/measure-sys/machine-elements/

潜在顧客は、どのメーカーから買うかを決める前に、まず課題の解決方法を探します。しかし、ＢｔｏＢ業界で求められるそうした情報は、書店ではまず手に入りません。そこで、**その分野の経験の長い企業が、問題解決の入り口にあたる情報をわかりやすく、体系化して見せることができれば、メーカーの選定に入る前の潜在顧客に出会えるわけです。**

基礎コンテンツを使ったマーケティングは、コンテンツマーケティングと呼ばれ、１８９５年に刊行されたジョン・ディアの『The Furrow』がはしりと言われています。これは、農業技術や作物の管理、農業ビジネスに関する専門家のアドバイスが読める、家族経営から大規模農場までさまざまな農家に役立つ雑誌として、米国の農業の成長に貢献しました。

また、ほぼ同時期の１８９９年に創刊した『メルクマニュアル（邦題：ＭＳＤマニュアル）』（日経ＢＰ）は、医学と健康に関するハンドブックです。医療従事者向けと一般向けの２種類があり、ともに信頼性の高い情報源として活用されています。現在では両社ともデジタル版を無料で公開しており、長期間提供されていることから見ても、顧客接点開拓に重要な役割を果たし続けていることがうかがえます。

自社が持つノウハウをどこまで開示するのかについては、社内で議論になるかもし

図表3-7　ジョン・ディアのThe Furrow

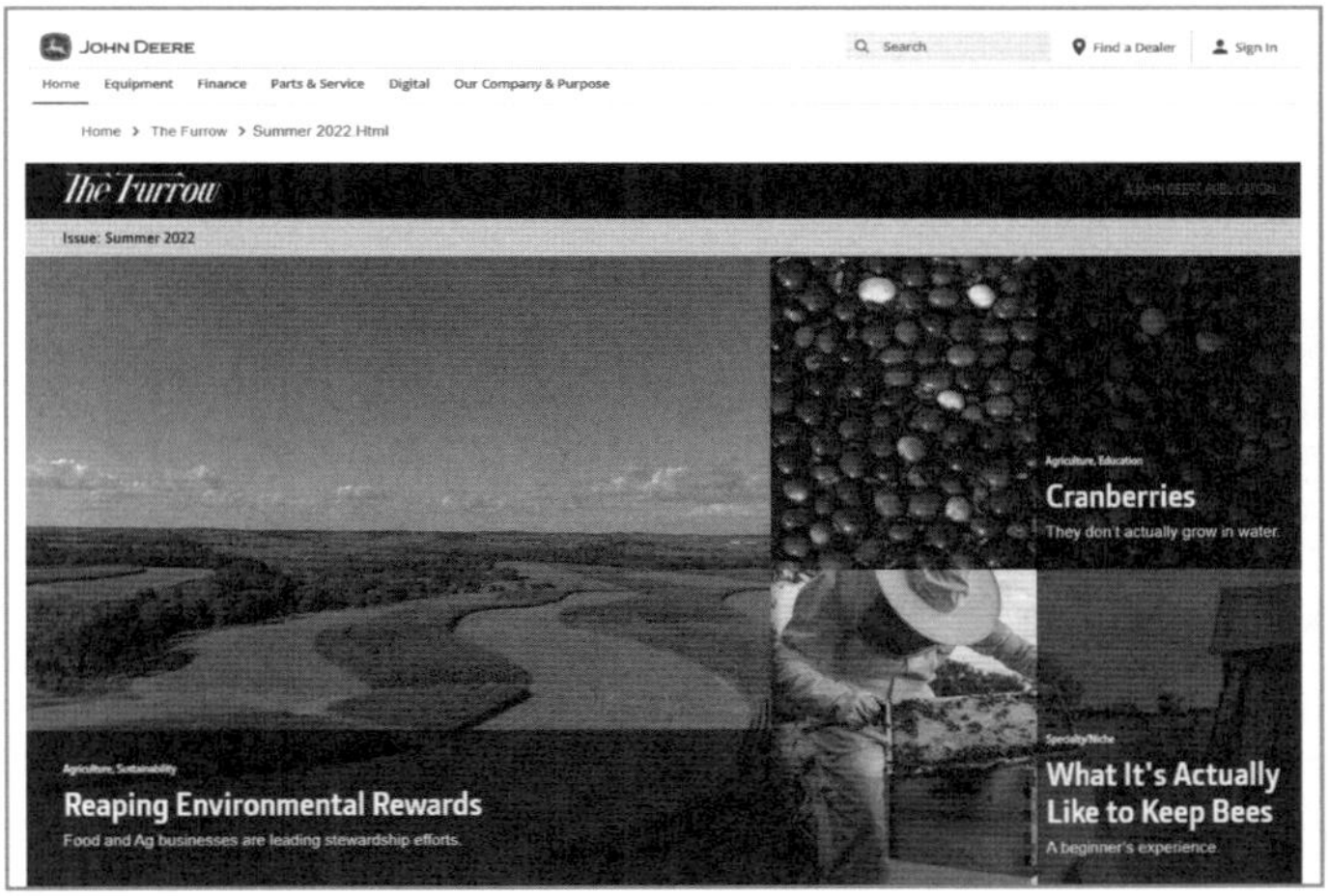

（出所）https://www.deere.com/en/publications/the-furrow/2022/summer-2022.html

れません。ただ、基礎コンテンツは、業界の企業ならどこも知っている情報です。一方、顧客の立場からすると書店では手に入らないマイナーな情報です。強いニーズがあって、自社として応えられるならば、応えない手はないでしょう。仮に自社でやらなくても、いずれ競合他社が出してくるのは確実です。それならば、少しでも先んじて情報を出していくことが、とるべき戦略のはずです。

デジタル空間で目立つためには、コンテンツの蓄積がものを言います。検索で上位表示されるためには質とともに、量も問われるからです。その意味でも、事例と基礎コンテンツの充実化

図表3-8 ステージ別の実践方法

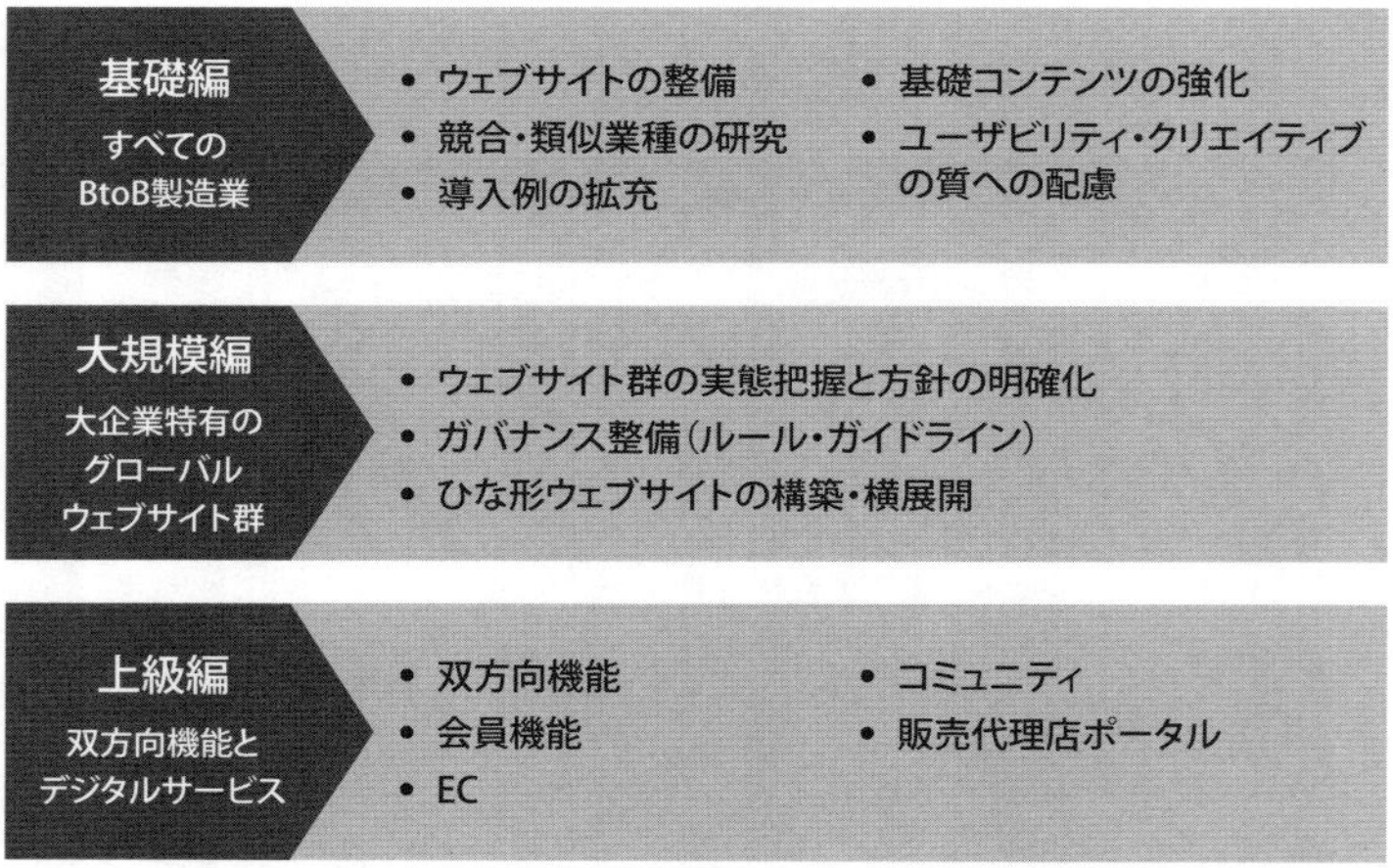
基礎編
すべての
BtoB製造業
• ウェブサイトの整備
• 競合・類似業種の研究
• 導入例の拡充
• 基礎コンテンツの強化
• ユーザビリティ・クリエイティブの質への配慮
大規模編
大企業特有の
グローバル
ウェブサイト群
• ウェブサイト群の実態把握と方針の明確化
• ガバナンス整備(ルール・ガイドライン)
• ひな形ウェブサイトの構築・横展開
上級編
双方向機能と
デジタルサービス
• 双方向機能
• 会員機能
• EC
• コミュニティ
• 販売代理店ポータル

は、なるべく早く始めた方がいいでしょう。

ユーザビリティ・クリエイティブの質への配慮

コンテンツが充実してくると、ウェブサイトのユーザビリティが重要となります。すでに述べたように、大量の情報も、ただ置いておくだけでは顧客に届きません。**ウェブサイト内での情報探索にストレスをかけないためには、わかりやすい情報分類と操作の一貫性、そしてアクションボタンの適切な配置が欠かせません。**

ユーザビリティが意味する「使い勝手」は、昔からある考え方ですが、物理的なものづくりからデジタル時代になって、難しくなった側面があります。その理由は、

〝できることが多すぎる〟ということです。

例えばラジオの場合、必要な操作は、電源、チャンネル、音量の３つしかありませんから、３つの操作ボタンを配置するだけです。

それに対して、ウェブサイトの商品ページでは、機種選択、詳細情報、販売店検索、資料ダウンロード、他モデル比較、デモ機申し込み、問い合わせ、など多岐にわたる機能を１ページに配置せねばなりません。しかし、１画面で１回に見せることができる機能の数には制約があります。

そのため、商品ページのユーザビリティ設計では、①多岐にわたる機能のうち、②想定するユーザーが、③ある箇所を見ている時に必要とする機能だけを抽出し、④その操作をしたくなる場面に配置する、ことが欠かせません。

情報量の多いＢｔｏＢ製造業のデジタルコミュニケーションでは、「なんでもできる」ことがあだになることがあります。**ユーザビリティ設計には、多すぎる情報や機能で迷わせないよう、ユーザーの気持ちを想像する力と、ある瞬間に必要のないものは切り捨てる勇気が求められるのです。**

デジタルコミュニケーションでは、クリエイティブへの配慮も大切です。ＢｔｏＣが見せ方や面白いアイデアのクリエイティブに力を入れるのに対し、ＢｔｏＢは機能の説明を重視するので、そこまで時間と予算はかけないというのが一般的な理解でしょう。しかし、**競合との性能差がなくなってきた中、トータルで差をつけるためには、クリエイティブの力が絶対的に不可欠です。**

72ページで、購買検討プロセスの57％が営業前に済んでいるとお伝えしました。つまり、潜在顧客はそれだけ多くの時間をデジタル上で過ごすということです。

そうだとすれば、ウェブサイトの見た目がよくない、つまりリアル世界で言えば身なりがきちんとしていない企業を初めてデジタル上で発見した顧客が、その企業を信頼するでしょうか。文字だけのわかりにくい情報を雑に渡す企業に親近感を持ってもらえるのでしょうか。

コミュニケーションとは相手を変化させることです。**デジタルへのシフトが進み、対面のコミュニケーションが少なくなるからこそ、感性にまつわる部分もデジタル上で上手に展開することが、とても大事になっているのです。**

また、BtoB製造業が扱う多機能な製品や大型設備・ソリューションは、簡単には理解しにくいものです。この大変革の時代には、まだ見ぬ未来を描く場面も多くなっています。そんな時にも、**複雑なことをわかりやすく伝えるクリエイティブが、大きな力を発揮するのです。**

集客施策の実施

ウェブサイトへの集客は、顧客の関心の高いキーワードを含むSEO効果の高いコンテンツ以外に、ネット広告やSNS、業界ポータルなどを使います。ネット広告は、費用対効果を見ながらいろいろ試してみましょう。BtoB製造業は領域が細分化されており、BtoCほど広告効果の基礎データが揃っていません。逆に言えば、**その蓄積がより良い広告配分のための独自の財産となり、他社に対する1つの競争力となるはずです。**

SNSは、LinkedIn、Facebook、Xなどで定期的な情報発信をすることで、ウェブサイトへのアクセスにつなげることができます。ただし、一定のアクセス数を稼ぐには、投稿をそれなりの頻度で続け、フォロワーも増やさなければなりません。いつも同じような投稿でも飽きられますから、変化もつけるとなると、ハードルは高くなります。またSNSは、担当者の個性に依存しがちな点にも留意してください。

業界ポータルは、その業界に特化した情報サイトです。医療業界のエムスリー、自動車業界のマークラインズ、化学業界のSpecialChemがそれに当たり、各業界の企業は日常的に活用しています。実は、日本には主要なものだけでも約２００の業界紙・誌が存在します。この事実は、業界に特化した情報にニーズがあることを示していますから、デジタル化が進展すれば、各業界のポータルサイトはもっと増えてくるはずです。これは言ってみれば常設の展示会ですから、デジタルマーケティングに欠かせない要素として、これから着実に存在感を増してくるでしょう。

データ分析の日常化

データ分析の癖も、この段階から身に付けておく必要があります。デジタルコミュニケーションの登場で、データに基づくコミュニケーションの設計・実施が可能になったことは、意義深い変化です。例えば展示会の成果を測る指標は、来場者数やブース来訪者数、獲得名刺枚数くらいしかありません。しかし、ウェブサイトの場合は、どのコンテンツが人気なのか、どういう出来事の時に見られるのか、どんなリアクションがあったのか、などの詳細な動向が逐一わかります。

ただ、データへの期待は高いものの、実際には、データの山に埋もれてしまっている企業も多いはずです。データは仮説を持って分析に臨む姿勢が重要なので、それがないと高機能な分析ツールもおもちゃで終わってしまいます。ツールを否定しているわけではありません。しかし、使いこなすには時間がかかります。だからこそ、**早いうちからデータに触れることで洞察力を鍛える訓練が必要なのです。**

基礎編では、「なるべく情報を出す」姿勢を貫いてください。すでに見てきたように、情報発信に消極的な日本のＢｔｏＢ製造業は、「これは出さなくてもいいだろう」と判断しがちですが、あくまで「顧客が必要とするか否か」を基準に、出す出さないの判断をしてください。コンテンツが少なくては、誰も寄ってきません。出さない判断だけをしているといつまでたっても、顧客のニーズは見えてこないのです。

私の経験では、情報発信に熱心な企業は、たいてい意外な潜在顧客と出会ったエピソードを持っています。**多くの情報は、多くの潜在顧客をひきつけるのです。**

そして、**とにかくトライ＆エラーをしてみることです。**ウェブサイトのいいところはすぐに修正できることですから、はじめから完璧なモノを目指すのではなく、次へのヒントを得るためのトライを続けることが大事だと考えてください。

大規模編：大企業特有のグローバルウェブサイト群

売上1000億円を超える企業になってくると、新たなテーマが出てきます。**社内の複数の組織がウェブサイトやSNS、アプリを独自に運用するため、全社の統制について考えなければならなくなるのです。**

デジタルコミュニケーションは、個人が世界中に情報発信することを可能にしました。そのことで、SNS出身のアーティストやYouTuberなど、従来ならば埋もれていた才能に光が当たるようになりました。

企業でも同様で、事業部や子会社単位でも情報発信が可能になったことで、カタログ・展示会・対面営業から漏れていたさまざまな情報を、潜在顧客に届けられるようになりました。

しかしその一方で、誰もが気軽に情報発信できるようになったことは、大企業のコミュニケーションにおいて新たな問題を生み出しました。社内に事業部①、②、③があり、それぞれが、子会社a、b、cを傘下に置くA社という企業グループを例にとって考えてみましょう。この時、グループを代表するA社のウェブサイトの他に、①、②、③、そしてa、b、cも独自にウェブサイトを持ち、それらがみなA社の名前を

図表3-9　A社のウェブサイト群

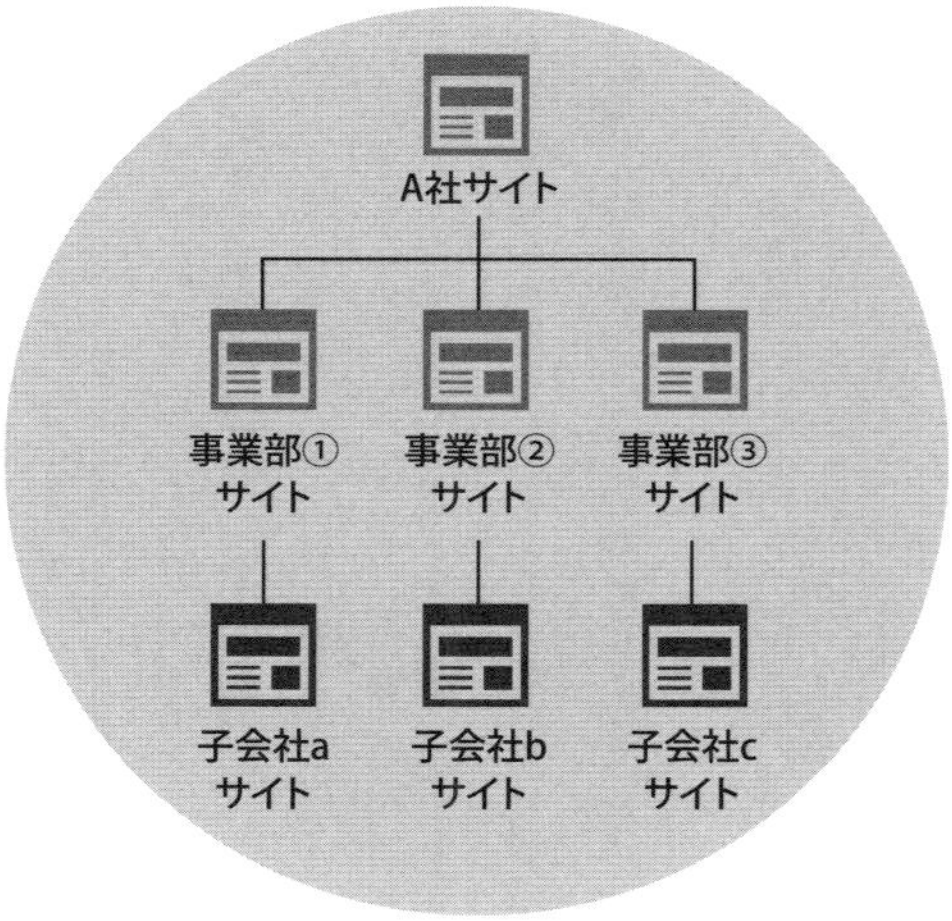
A社サイト
事業部①
サイト
事業部②
サイト
事業部③
サイト
子会社a
サイト
子会社b
サイト
子会社c
サイト

（出所）イントリックス作成

冠するということがおきます。その結果、ユーザーから見た時に、A社グループの情報発信がデジタル空間上のあちこちにあり、目的の情報にたどり着きにくい、どれが正の情報かわからない、といった混乱が生じるのです。しかも、これはあくまで1カ国の話です。進出している国の数が増えるほど、問題は大きくなります。

これが、ウェブサイトの乱立という、大企業特有のウェブサイト群問題です。具体的な解決方法としては、まずウェブサイト群全体の実態を把握したうえであるべき姿の方向性を定めます。そして、ウェブサイトのひな形を全社に展開しながら、ガバナンスを効かせるためのルールやガイドライン整備、システムや人材教育の共通化、コンテンツ素材や運営ノウハウの共有化を進めます。すべて終わるまで、通常、3～5年はかかる取り組みになります。

そして、さらに企業規模が大きく、事業もグローバルに展開している場合にはもっと時間がかかります。例えば、売上1・2兆円（取り組み着手時。2024年3月期現在では4・4兆円）で、約100のウェブサイトを持つ空調大手のダイキン工業の場合、まずグローバルサイトのリニューアルを行い、続いてローカルサイトのひな形づくりと各国への横展開を進めました。そして、各ローカルサイトの品質を引き上げるためのさまざまな取り組みに、コンテンツ更新を効率化するCMS導入と、グローバルウェブサイト群全体の整備にしめて10年の歳月をかけました。

このテーマは、コーポレートコミュニケーション部門やブランド推進部門、マーケティング統括部門といった、組織を俯瞰する立場にある部署が音頭をとって解決するしかありません。その取り組みはひと言で言うと交通整理で、ユーザー視点で混乱が起きないようにすることのほか、重複する取り組みの共通化、情報発信の品質を担保するためのルール整備や人材教育などを主導します。

空調ビジネスを手掛けるダイキンは、地域ごとに気候が違うこともあって分権カル

図表3-10 ダイキンのグローバルウェブサイト群整備：10年の取り組み

2012年	グローバルサイトリニューアル
2014年	ローカルサイトのひな形構築（ベトナム）・各国展開に向けたキット
2015年	ブランドコンテンツキット・Webサイト立ち上げキット展開
2016年	ガイドライン整備・展開（ビジュアルコミュニケーションガイドラインなど）
2017年	素材撮影・自社ストックフォト整備
2018年	素材撮影・国内事業部Web活用支援
2019年	グローバル行脚・次期5カ年戦略策定
2020年	グローバルサイト・日本サイト システム・インフラ刷新PMO(※) ※PMO…Project Management Office。複数のプロジェクトマネジメントの支援を横断的に行う。
2021年	デジタルマーケティング活用推進・各国間コミュニケーション強化

グローバルサイト

ブランドコンテンツ

2種類のローカルサイトキット

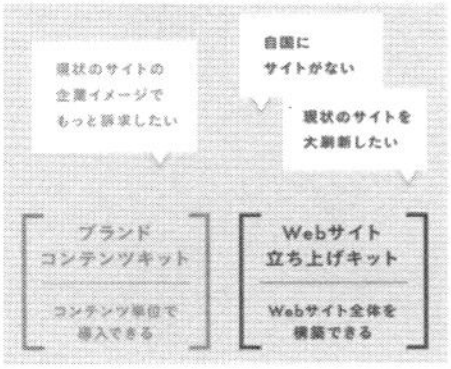

自社ストックフォト

（出所）イントリックス作成

チャーなので、デジタルコミュニケーションも各国での整備が原則でした。しかし、全世界が同じ問題で困っていたため、解決を加速すべく、本社の総務部がリードをとってウェブサイト群の整備を進めたのです。

分権の場合、ひとたび交通整理が済み、ひな形や基本ルールが整ったら、中身を充実化させていくのは各部門や各国の役割です。

さまざまなＢｔｏＢ製造業をお手伝いしてきた私は、**大企業に共通するグローバルウェブサイト群問題が将来的なデジタル活用の足かせになると感じ、長らく解決に取り組んできました。**ですが、今ではウェブサイトの乱立だけでなく、裏側のシステムも乱立するようになり、デジタルコミュニケーションのプラットフォームは、ますます全体が見えにくくなっています。

問題のすそ野は、着実に広がっているのです。

上級編：双方向機能とデジタルサービス

本書では話をわかりやすくするため、あえて情報発信という言い方を使っていますが、コミュニケーションとは本来双方向のやりとりです。紙のカタログは一方通行の情報発信ですが、デジタルを使えば要望に合った情報を返す双方向のやりとりが可能になります。

62ページで紹介したミスミグループがオーダーメイドの機械部品販売で800垓ものバリエーションを揃えた事例は、要望に応えることをつき詰めた好例です。このように、従来の情報発信ではできなかったことの実現が上級編です。そこで、デジタルだからこその双方向機能やサービスを見ていきましょう。

双方向機能

ＢｔｏＢ製造業の商品情報は、ＢｔｏＣよりもはるかに多様で深いため、さまざまな見せ方があります。商品の比較や、浜松ホトニクスのような表示項目の調整、ライフタイムコストのシミュレーター、電子部品の回路設計などの双方向機能は、膨大な選択肢からの絞り込み支援や、顧客の状況に応じた情報の提供を可能にします。

会員機能

ＢｔｏＢ製造業の顧客は、何度もウェブサイトを訪れ、じっくり比較検討をします。また、使用期間の長い機械製品では、トラブルシューティングやトレーニング、保守・メンテナンスなどの情報を繰り返し探すことになります。会員機能があれば、顧客は自分の関心に応じた情報や保有機器の情報にスムーズにたどり着けます。その結果、ウェブサイトの利用頻度が上がり、囲い込みにつなげることができます。

EC

商品数が多く、汎用品も多い電子部品ではすでにECの活用が進んでいますが、その他の業種でも消耗品や補修部品をECで販売する企業が増えています。まずは業界のECポータルに出品する形から始め、ボリュームが出てきたら自社プラットフォームの整備を検討することになります。

コミュニティ

電子部品やソフトウェア業界では、ユーザーから寄せられる質問に答えるコミュニティが顧客から重宝されています。サポート部門による一対一の対応に比べ、回答が蓄積・共有され、ユーザーからも回答・アイデアが寄せられるメリットがあるため、サポート運営の効率化および顧客満足度の双方への貢献が期待できます。

米半導体メーカーのTexas Instrumentsは、回路設計エンジニアのためのサポート

図表３-11　エンジニアの技術的な質問にすぐ回答がつく Texas Instrumentsのサポートコミュニティ

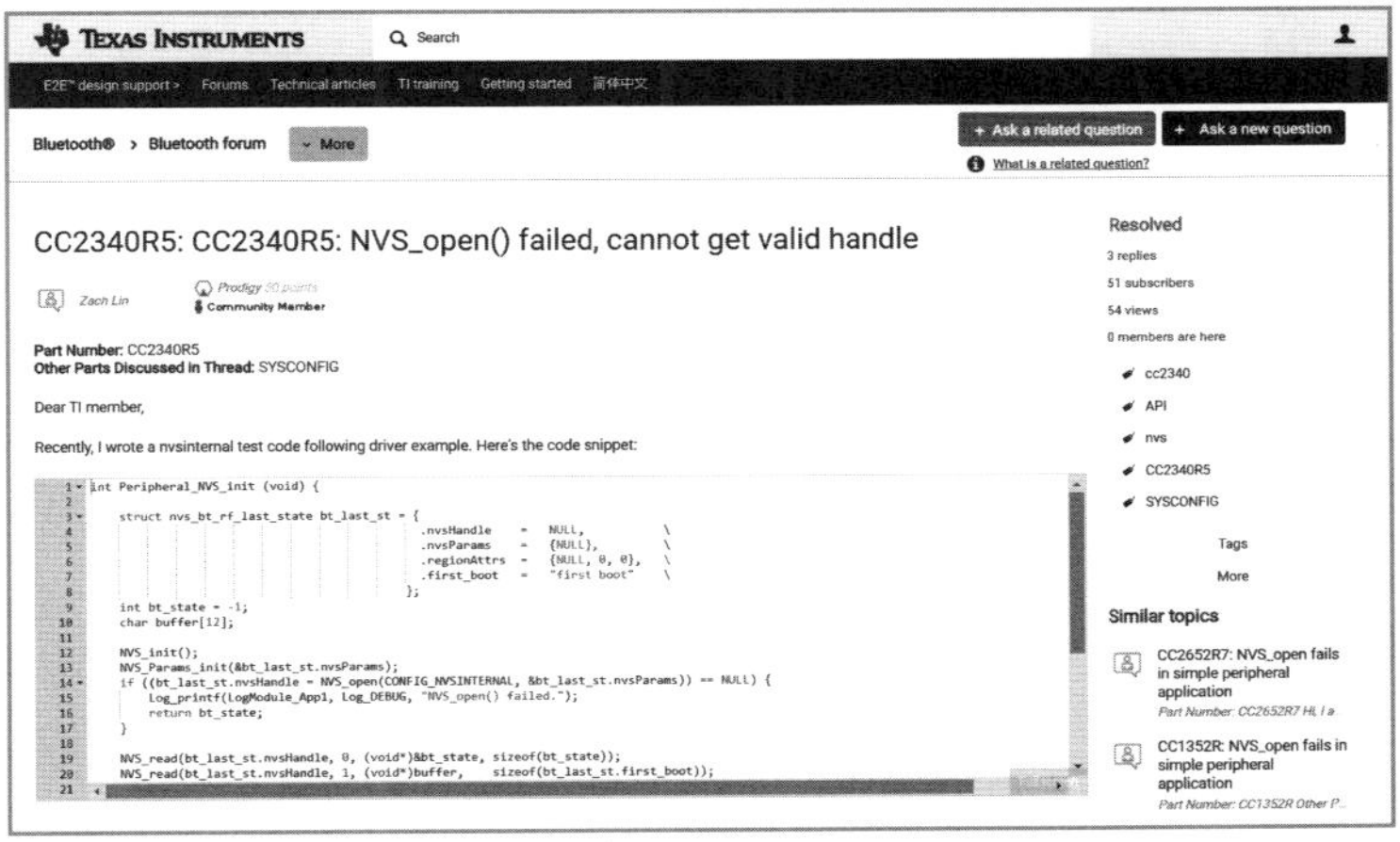

（出所）https://e2e.ti.com/support/wireless-connectivity/bluetooth-group/bluetooth/f/bluetooth-forum/1343090/cc2340r5-cc2340r5-nvs_open-failed-cannot-get-valid-handle

コミュニティを運営しており、同社のエンジニアとのやりとりの中で解決策が見つかることが多くあります。このＴＩ Ｅ２Ｅ™デザインサポートフォーラムは、ＴＩ製品についての知識を深められる場として、商品価値の一部になっているのです。会員のサンプル発注率は非会員の６倍※となっており、このことからも、会員顧客が満足していることがわかります。

※（出所）https://www.chiefmarketer.com/texas-instruments-aims-b-to-b-marketing-at-its-target-audience-product-designers/

販売代理店ポータル

本書は顧客とのデジタルコミュニケーションにフォーカスを当てていますが、間接販売の商流を持つＢｔｏＢ製造業では、販売代理店とのやりとりにもデジタルが活用されています。人的コミュニケーションが主流のため、販売代理店向けのポータルサイトの整備は遅れていますが、顧客向けよりも深い情報が必要とされるので、デジタル活用のメリットはむしろ大きくなるでしょう。

こうした双方向機能には、皆さんも日常生活の中でどっぷり浸かっているはずです。Ａｍａｚｏｎや日本経済新聞、ＡＮＡのデジタルサービスを使い、パーソナライズされた情報や自動化の利便性を知った人にとって、それがない生活は考えられないことでしょう。ＢｔｏＢでも、これだけの利便性を使わない理由はありません。ＢｔｏＢ製造業にも、双方向機能やデジタルサービスは着実に浸透していきます。

日本のＢｔｏＢ製造業のデジタルサービスにおいては、競合に追いつけないほど先頭を行く企業は、どの業界においてもまだ、ほとんどありません。**今ならどの会社にも業界ナンバーワンになれるチャンスがあります。**

ただし実現するためには、全社に横ぐしを刺して、さまざまな仕組みを連携させなければなりません。途中の紆余曲折や定着化まで含めれば5年はかかる取り組みです。後で説明するように、**都市づくりを行うつもりで計画的に進めることのできた企業が、ナンバーワンの立場をつかむことになるでしょう。**

BtoB製造業のウェブサイト群は巨大な顧客接点

BtoB製造業におけるウェブサイト群の規模が、どれくらいなのかを見てみましょう。

グローバルに活躍する大手BtoB製造業の場合、グループ全体で100程度のウェブサイトを運営しているはずです。1サイトあたりのページ数が1000ページだとすると、グループ全体で10万ページという計算になります。つまり、大手BtoB製造業のウェブサイトには、百科事典を大幅に上回る大量の情報が詰め込まれているのです。

そして、仮に1サイトあたりの利用者が1日5000人だとすれば、グループ全サ

図表3-12　大手BtoB製造業の典型的なウェブサイト群

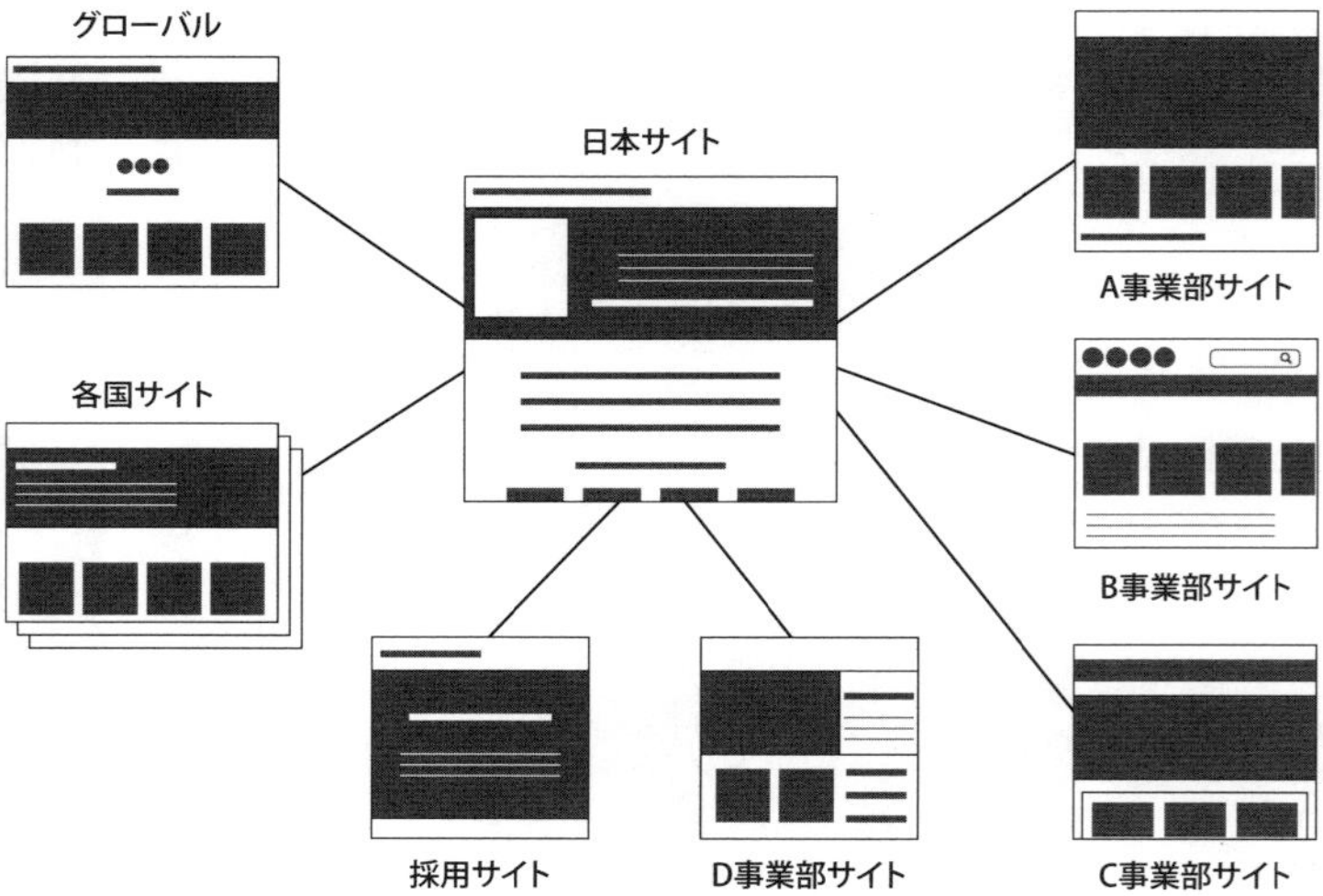
グローバル
日本サイト
A事業部サイト
各国サイト
B事業部サイト
採用サイト
D事業部サイト
C事業部サイト

- グループ全体で100ウェブサイト
- 1,000ページ／サイト＝全10万ページ
  ※参考：広辞苑は約3,000ページ
- 1日の利用者5,000人／サイト＝全50万人
  ※参考：展示会の来場者＝3万〜5万人／日
- 運営に必要なスキル
  全体戦略、長期計画、企画、コンテンツ制作、情報設計、デザイン、コーディング、システム設計・構築、運用…
- 連携先
  リアル広告、イベント、オンライン広告、SNS、アプリ、業界ポータル、業務システム、CMS等管理システム、グループサイト

（出所）イントリックス作成

イトの利用者数は毎日50万人です。東京ビッグサイトや幕張メッセなどで行われる展示会の1日あたり来場者数は数万人程度ですが、大手BtoB製造業のサイトユーザーはそれもはるかに上回ります。展示会をはじめとする既存の顧客接点と比べ、自社のウェブサイトがこれほど大規模で利用者も多いと意識している人は、意外と少ないことでしょう。しかし、**ウェブサイトは情報量に制限がなく、24時間365日にわたって情報発信を続けられ、どこからでもアクセスできるのですから、利用者が多いのは当然です。**

ウェブサイトは単独で終わらせるのではなく、他のさまざまな顧客接点とつなげた方が、より力を発揮します。顧客にとって、情報収集のワンストップ性が高まり、圧倒的に便利だからです。そのため、ウェブサイトへの集客につながるオンライン広告やSNS、業界ポータル、展示会やリアル広告、CMなどと、ウェブサイトのどのページを見てもらいたいかを考えながら、連携を進める必要があります。

また裏側に目をやっても、情報の一元化や業務効率化のために、商品やコンテンツ素材のデータベース、顧客管理ツールなど、社内の業務システムや管理システムとも接続しなければなりません。

業務システムの世界には、スパゲッティシステムという言い回しがあります。個別のシステムをつないでスムーズな連携を実現したいのに、互いに複雑に絡みあって解きほぐせず、もはや手の施しようのない状態を揶揄しているのです。このままでは、デジタルコミュニケーションでも、同じことが起こりかねません。しかし、大きくなりきっていないこのタイミングならば、将来に禍根を残さない土台づくりがまだ可能です。

デジタルコミュニケーションは、全社的な視点でとらえるべき時期に来ています。

これまでは、ＣＣはコーポレートコミュニケーションや広報部門が、ＭＣは各事業部門が、それぞれ個別に取り組むやり方で問題ありませんでした。はじめはデジタル空間での情報発信がゼロでしたから、全社視点でバラバラであっても、まず自部門のデジタルコミュニケーションを確立することで構わなかったのです。

しかし、２０２４年の現在では、昔から行っていた情報発信のデジタルへの置き換えというデジタル化の第１段階は、おおむね完了が見えてきました。１０３ページで触れた基礎編は、大企業においては合格点に達しています。

これから重要になるのは、デジタルだからこその情報発信です。そのためには、部門の個別最適で行っているデジタルコミュニケーションに、全社視点で横ぐしを刺すことが必要です。そうすることで、今まで縦割りで伝えきれていなかった企業の価値を、余すことなく伝えられるようになります。また、個別の取り組みで生じていた重複投資も抑えることができますし、不足しているデジタルコミュニケーション人材も、全社で育成することが可能になるのです。

ＢｔｏＢ製造業は、ウェブサイト群が巨大な顧客接点であることを念頭に、デジタル時代に合わせて自社のコミュニケーションを再設計していかねばなりません。今こそ、そのグランドデザインが求められているのです。

都市づくりに学ぶ

デジタルコミュニケーションは巨大な都市のようなものだと述べました。ただし、まだ誕生してから30年程度なので、全体整備についてのお手本も教科書もありません。かたや奈良時代の平城京は、１３００年前に造られました。この頃から培われた都市づくりのノウハウは、デジタルコミュニケーションを俯瞰・長期視点で整備するうえでも参考になります。

現在の企業のデジタルコミュニケーション整備は、都市計画のない街づくりに似て

図表3-13 都市の発展に見るデジタルコミュニケーションの今後

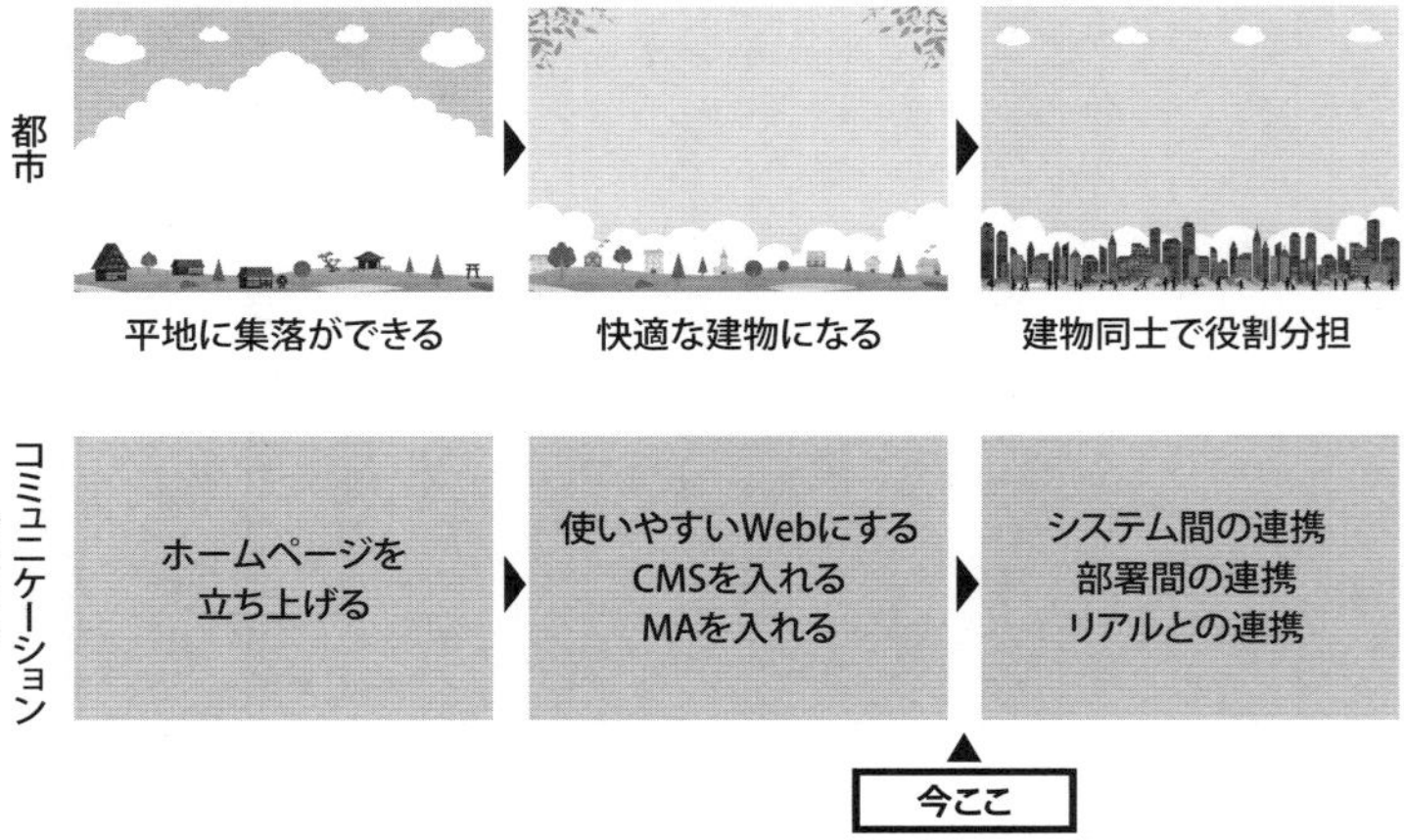
都市
平地に集落ができる
快適な建物になる
建物同士で役割分担
デジタルコミュニケーション
ホームページを立ち上げる
使いやすいWebにする
CMSを入れる
MAを入れる
システム間の連携
部署間の連携
リアルとの連携
今ここ

（出所）イントリックス作成　　イラスト：ピクスタ

います。実際の都市も、平地に自然に人が集まって形成されてきたものなので、はじめは計画なしで問題ありません。しかしある程度の規模になってくると、秩序が必要になります。例えば、住所のつけ方には町名・街区という共通ルールがありますし、京都やパリの街並みが守られているのも、景観に関するルールがあるからです。

ＢｔｏＢ製造業では、商品数が１０００を超えてくると、商品分類がわかりにくくなります。事業部ごとの分類で、粒度が揃っていないからです。この場合には、ユーザー視点で商品体系を整理することで、膨大な情報に秩序をもたらすことが必要です。また、見た目がばらばらだったり、写真の質が低かったりすると、ブランドを棄損するので、デザインガイドラインを定めて、ビジュアルの品質を担保していきます。

街が大きくなると、電気・ガス・水道といった共通インフラも必要になります。各家庭が独自に持つより品質を高く維持できますし、安くできるので広く行き届くからです。**企業のデジタルコミュニケーションでも、サーバー、CMS、MAといったツール類をグループ内の各ウェブサイトが独自で整備をするのではなく、全社で一元管理すれば、コストの無駄や品質のばらつきを抑えられる可能性があります。またツール類を独自で入れる余裕のないウェブサイトが、未整備のまま放置されることも防げます。**

都市では、各建物が役割分担をしながら連携をしています。駅・商業ビル・地下道は、都市計画のもとで構造的に連結することで、コスト負担を分散しながら、人々のスムーズな移動を実現しています。ＢｔｏＢ製造業のデジタルコミュニケーションでも、販売代理店のウェブサイトの商品情報をメーカーのデータベースと連携させれば、商品情報を均質化でき、どちらが正なのか迷わせることがなくなります。

建築の歴史は長く、日本国内でも１３００年前には東大寺のような巨大建築を造る技術や人材が存在しました。ただし、それは天才技術者個人の才能に依存するものだ

図表3-14　都市とデジタルコミュニケーションをつくる要素

	都市	デジタルコミュニケーション
構成単位	• 建物	• ウェブサイト • SNS • アプリ
ルール	• 法律 • 景観条例	• プライバシーポリシー • デザインガイドライン
共通インフラ	• 電気・ガス・水道・道路	• システムプラットフォーム
階層体系	• 住所	• ウェブサイトの情報構造 • 商品体系
ビルダー	• 不動産デベロッパー • 設計コンサルティング • ゼネコン • 専門工事業者	• 全体コンサルティング • ウェブ制作会社 • システムインテグレーター • 専門コンサルティング

（出所）イントリックス作成

ったと思います。建築のノウハウは、それから長い時をかけて広く蓄積・継承されることで、巨大建築を手掛けられる人材を数多く育みました。そのおかげで、現代では多くの高層ビルを建てることができるようになったのです。

一方、デジタルコミュニケーションにおいては、ウェブ制作のできる人材はいても大規模ウェブサイトとなると少ないですし、ＢｔｏＢ製造業のコンテンツ制作や大型ＣＭＳを導入できる人材はもっと不足しています。特に、全体を俯瞰してあるべき姿に導ける人材は、まだほとんど存在しませんので、第5章で説明するように、**大規模ウェブサイトリニューアルの機会を活かして、意識的に人材育成を進めることが必要です。**

以上、都市づくりを参考に、ＢｔｏＢ製造業のデジタルコミュニケーションはどう整備されるべきかを考えてみました。都市の発展の歴史に照らせば、**今は、便利で効率的に運営される都市になるのか、それとも、個別の家やビルが無秩序に集まった無駄だらけの巨大な都市になるかの分岐点にあるのだと思います。**

皆さんが目指すべきはもちろん前者ですが、それが全体像の把握と長期計画なくして実現できるものでないことは、言うまでもありません。

第4章

実録・5年がかりのデジタルコミュニケーション改革

A社のグローバルマーケティングプラットフォーム構築5カ年計画

ここでは、実在する電子機器メーカーA社を例に、どのような手順・やり方でウェブサイト活用プロセスを進めてきたのか具体的に示すことで、デジタルコミュニケーション改革の進め方を紙上解説します。全体はデフォルメしてありますが、この内容は大手BtoB製造業の典型的な取り組みであり、一つひとつのエピソードもすべて事実に基づいています。

A社のあらましは下記のとおりです。

●年間売上高……3000億円
●従業員数……7000人
●主な事業……製造業の生産・検査工程で使われる電子機器の開発・製造・販売
●事業戦略……国内市場の飽和に伴い、海外市場の新規顧客を開拓して旺盛な工場の自動化需要を取り込んでいく。海外では十分な知名度がなく、販売・サービス網も十分でないため、デジタルコミュニケーションを積極的に活用する

●デジタルコミュニケーション改革の目的……海外マーケティングの強化

●主な課題……①約5000点ある製品が事業部ごとに発信されているため、情報の品質がばらばらで探しにくい、②一方的な情報発信に終わり、見込み客の発掘までできていない、③各国が個別にウェブサイトを運営していて非効率

●海外拠点・ウェブサイト群概要……現地法人は22、19言語で30ウェブサイトを展開

●プロジェクトの推進組織……マーケティング統括部

「今後の成長の源泉は海外市場」

「だが、海外の販売網は日本ほど整備されていない」

「海外強化の鍵を握るのはデジタルマーケティング」

全10事業部のマーケティングを担うマーケティング統括部は、これらの経営方針に基づき、グローバルウェブサイト群リニューアルと共通システムの抜本的再構築を中心とするデジタルマーケティングプラットフォームの整備に着手しました。

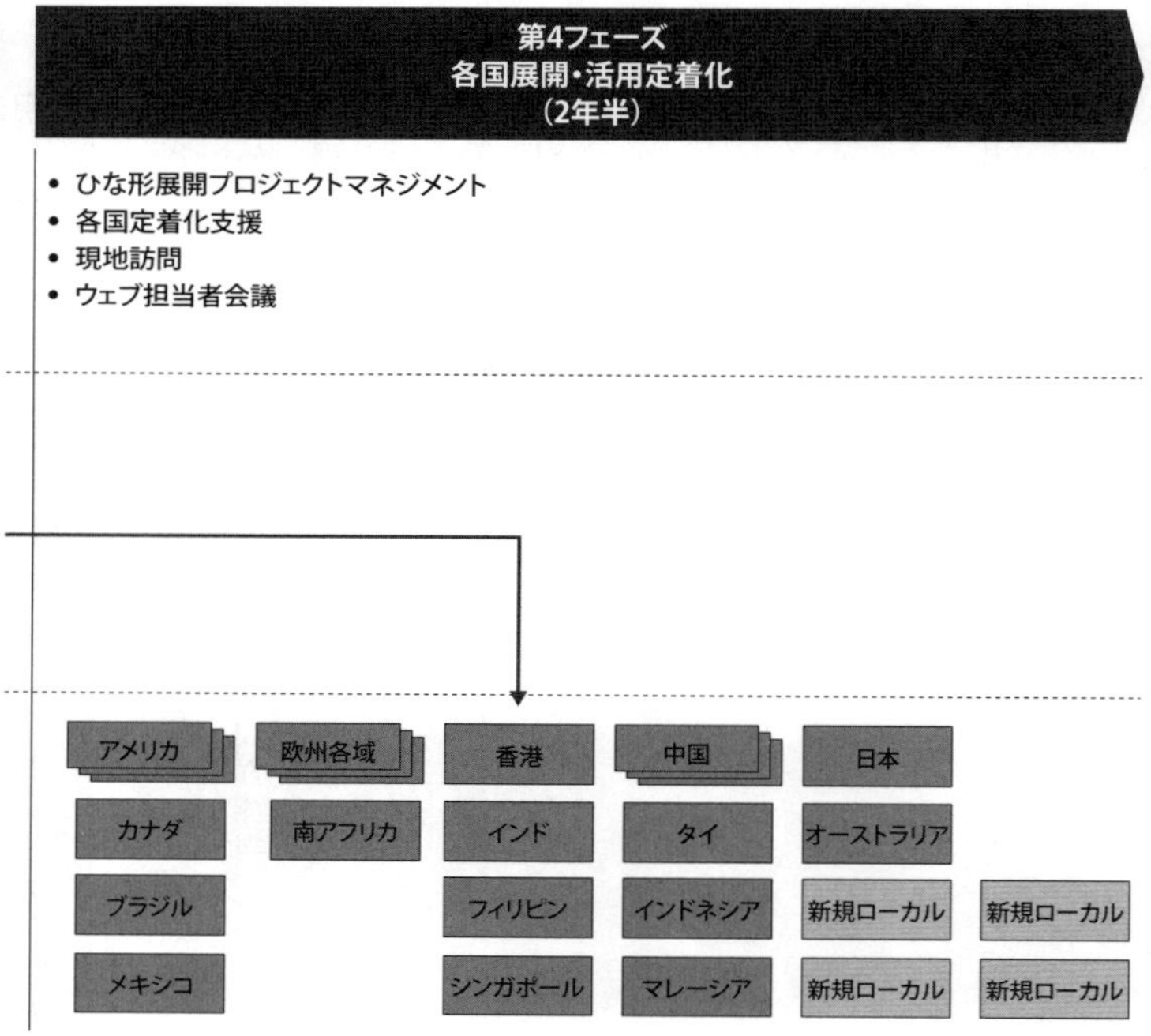
第4フェーズ
各国展開・活用定着化
（2年半）
• ひな形展開プロジェクトマネジメント
• 各国定着化支援
• 現地訪問
• ウェブ担当者会議
アメリカ
欧州各域
香港
中国
日本
カナダ
南アフリカ
インド
タイ
オーストラリア
ブラジル
フィリピン
インドネシア
新規ローカル
新規ローカル
メキシコ
シンガポール
マレーシア
新規ローカル
新規ローカル

図表4-1 A社グローバルマーケティングプラットフォーム構築5カ年計画

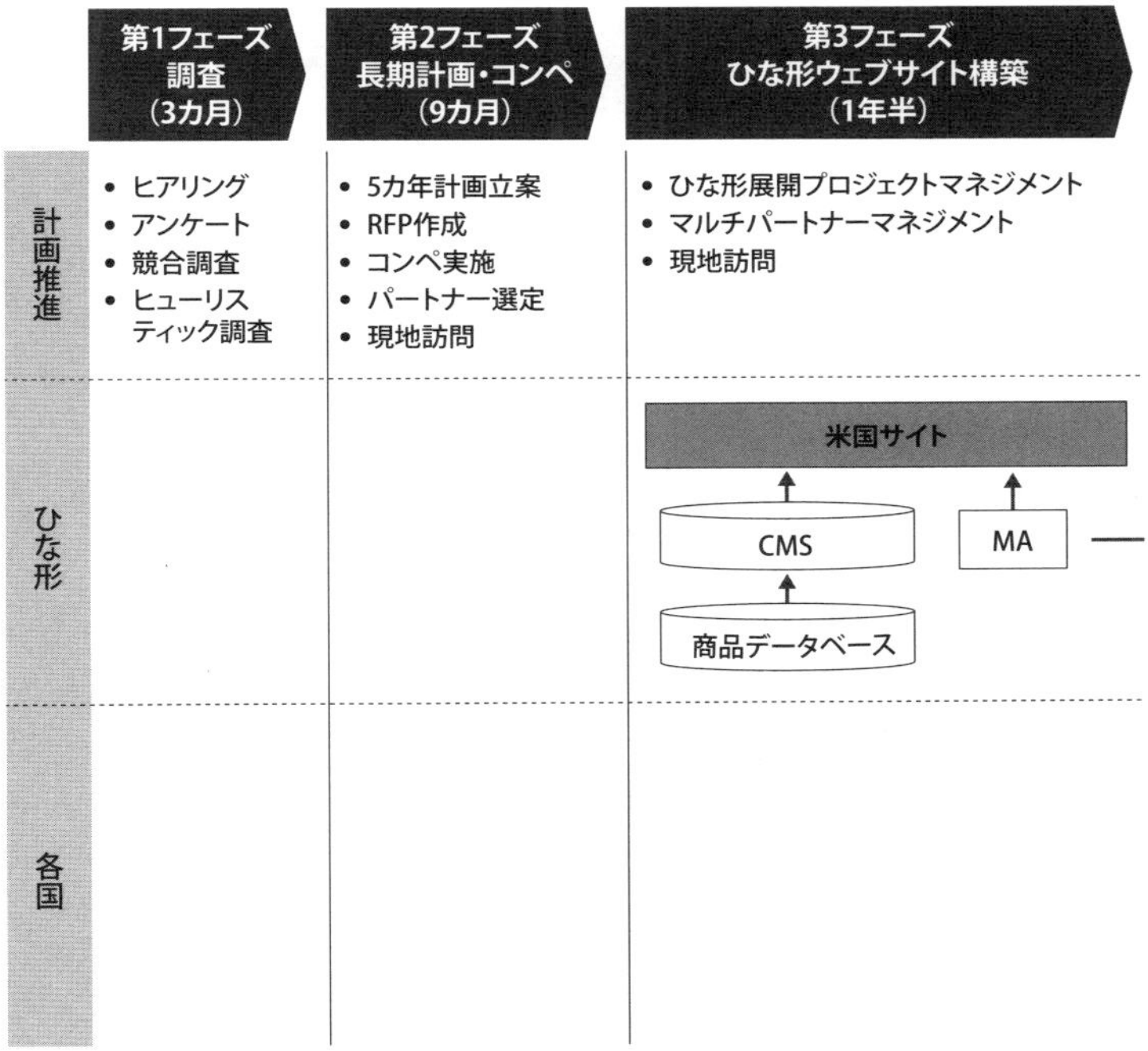
第1フェーズ
調査
(3カ月)
第2フェーズ
長期計画・コンペ
(9カ月)
第3フェーズ
ひな形ウェブサイト構築
(1年半)
計画推進
• ヒアリング
• アンケート
• 競合調査
• ヒューリスティック調査
• 5カ年計画立案
• RFP作成
• コンペ実施
• パートナー選定
• 現地訪問
• ひな形展開プロジェクトマネジメント
• マルチパートナーマネジメント
• 現地訪問
ひな形
米国サイト
CMS
MA
商品データベース
各国

(出所) イントリックス作成

今回リニューアルするウェブサイトは30あり、19言語が使われています。1つのウェブサイトの平均ページ数は約8000。導入する共通システムは、サーバー、CMS、PIM、MA。連携させるのが、会員、顧客管理、メール配信、アンケート、検索、商品レコメンドの各機能です。こうして洗い出してみるだけでも、全体計画なきまま進められるものではないことがおわかりいただけるでしょう。さきほど指摘したように、全体像がないまま都市づくりを進めるような愚を犯さず、グランドデザインを用意してプロジェクトを進めることが必要です。

そこでA社は、いきなり設計・構築に入るのではなく、経営方針を具体化するための調査・計画・体制づくりに1年をかけることにしました。すなわち、課題を洗い出す第1フェーズ（3カ月）と、グローバルウェブ戦略と5カ年計画を定めて体制を固める第2フェーズ（9カ月）をまず実施し、その後、ウェブサイトのひな形を生み出す第3フェーズ（1年半）、各国展開と活用の定着化を進める第4フェーズ（2年半）で構築を行ったのです。

第1フェーズ：課題を調査・整理する

プロジェクトの最初にあたる第1フェーズでは、A社が抱えるデジタルコミュニケーションの課題を洗い出し、経営方針で示された改革の中身を具体化しました。「ウェブサイト上のカタログが他社に比べて貧弱」、「デモ機の申し込みへの導線がわかりにくい」「個人情報を活かせていない」といった顧客満足度に関わるものから、業務効率に関わるものまで、把握できる課題のすべてをピックアップしました。そのため、社内アンケートや、社員・販売代理店への対面ヒアリングも多数行いました。

また、グローバルでのウェブサイト群の状況も調査しました。各国のウェブサイトについては現地に任せていたため、総数や品質、体制について正確には把握できていなかったのです。その結果、特に、小さな市場や進出の歴史の浅い国のウェブサイトでは運用体制が脆弱で、商品情報のカバー率が低かったり、古い型式が残っていたりする問題が明らかになりました。必要なシステムが各国もしくは事業部単位でつくられ、属人性の高い運用となっていたのです。最も進んでいる日本の本社ですら、顧客の行動データを営業に十分に活かせている状況ではなく、システム面での強力なバックアップが必要なことは明白でした。

競合調査では、日本サイトだけは競合と互角だったものの、海外については大幅に後れを取っていました。海外サイトの質が低いことに加え、海外市場での競合は日本よりも進んでいたので、二重の意味で大きな差となっていたのです。また、競合する生産ライン向け電子機器業界だけでなく、計測機器や電子部品、医療機器など他業種のウェブサイトも幅広く研究することで、顧客視点での情報の見せ方に関する多くのヒントを得ることができました。

第2フェーズ：5カ年計画を策定し、体制を固める

ウェブサイト群の調査を踏まえ、グローバルウェブ戦略および5カ年計画の策定に取り掛かりました。課題や競合調査の結果をもとに、グランドデザインを描いていきました。

グローバルウェブ戦略

商品情報はどこまで深くするか。どんな双方向機能を持たせるか。追いかけるべき数値は何か、何が世界共通で何が各国独自なのか。全世界のデジタルマーケティング

に影響するテーマについて、大きな方針を決めていきました。

A社の商品はグローバルで同一のモデルを扱うため、全体を中央集権的に進めることについては、議論するまでもなく決まりました。そこで、ウェブサイトやシステム、商品情報は本社から提供し、マーケティングコンテンツやキャンペーン、顧客管理は各国で進める前提のウェブサイト群をつくることにしました。

図表4-2に示すように、提供するコンテンツは顧客の購買検討プロセスごとに具体化するとともに、ウェブサイト内のおおよその配置も、この段階で定めました。**ウェブサイトの構造やユーザビリティ、そして必要なシステム要件のすべてが、コンテンツの種類と量、更新頻度、そして世界との共有度合いによって変わってきます**ので、全体への影響を踏まえると、早期にはっきりさせる必要があったのです。

システムをどの段階で入れるかについては、議論が分かれました。複数システムの導入をすべて一気呵成に進めるべきという考えと、段階的に進めるべきという考えがぶつかったのです。ただ、A社ではどんな投資でも回収の期間を極力短くするという考え方が強かったため、プロジェクト推進は大変ではあるけれど、基本形は1年半で完成させるという一気呵成の道を選ぶことにしました。

ひな形づくりの舞台は米国としました。議論の過程では、本社で直接管轄し日本語

極少	70%	
→高	購買後　：　既存客	
商談・デモ機貸し出し・見積・技術的な相談	商品利用中	買い替え・買い増し
—	—	—
• ウェブサイトの行動情報から、効率的な提案活動を行う（商品選定～提案～導入支援）	• …	• 顧客が使用中の商品からの買い替えをタイミングを見て提案する
↑ 購入意欲が高まった状態でデモ機貸し出し／技術相談をしてもらい、営業へ引渡し→商談につなげる	• 商品利用中の顧客に役立つ情報を提供し、**満足度の高い状態で継続的に商品を利用してもらう**	• 現在使用している商品からの**買い替え／他の商品の購入を具体的に検討してもらう**
• …	• … • …	• …
• 予算権限者・購入決定者に信頼してもらい、発注の後押しをする ✓企業情報、実績、IR情報	—	—
• 社内承認時に必要な／後押しになる商品情報を入手してもらい、スムーズに発注まですすめてもらう ✓商品情報（特長・仕様・図面） ✓アプリケーション事例 ✓…	• …	• …
—	—	—
• 予算権限者・購入決定者の承認の後押しとなる／決め手となる情報を提供し、承認→発注を促す ✓導入メリット・効果、他社優位性がわかる情報 ✓…	• …	—
• …	• 商品利用中に必要となる情報をすぐに入手してもらい、満足度の高い状態で継続的に商品を利用してもらう ✓利用中の商品に関する役立つ情報 ✓… • …	—
—	• …	• …

商談化↓受注

引き合いポイント

図表4-2 購買プロセスごとの提供コンテンツ

ウェブサイトにアクセスする割合	極少	～30%	
ターゲットユーザーの購買プロセス	A社のことを知らない潜在顧客	購買前：新規客（商談対象）	
		低←	見込み度合い
	A社の存在を認知する	課題認知後、課題を解決できる情報を収集する	検討する（理解・選択・比較・検討）
他媒体（広告・展示会など）	• より多くの潜在顧客との接触機会を持ち、A社を知ってもらう	• よさそうという印象と興味を持ってもらいA社のウェブサイトへアクセスしてもらう	—
人での営業	—	—	—
ウェブサイト	—	• A社ウェブサイトにアクセスしたあらゆる人に「この会社/商品だったら、自社の課題を解決してくれるかもしれない」という解決期待感を感じてもらい、前向きに購入検討をしてもらう	
0. トップページ	—	• A社に対して良い印象を持ってもらう ✓技術力、企画力、高品質 ✓イノベーティブ、グローバル感 • …	• …
1. 会社概要	—	• …	
2.プロダクト	—	• …	• 数ある商品から、最も自分のニーズを満たす商品を見つけてもらう • 特定商品について深く理解・検討し、期待感を高めてもらい、前向きに購入検討をしてもらう ✓商品情報（特長・仕様・図面） ✓アプリケーション事例 ✓… ✓…
3. ソリューション	—	• …	• …
4.ダウンロード	—	• …	• …
5. サポート	—	—	—
6.サポート	—	• …	

（出所）イントリックス作成

でできる日本の方が進めやすい、利用者が少ない小国のウェブサイトの方がリスクが少ない、などの意見も出ました。しかし、全世界に展開しやすい英語を使え、他国よりウェブサイト規模が大きいので投資回収を早められることが、米国を選ぶ決め手になりました。

なお、一般的には、ひな形づくりプロジェクトで米国を選ぶことはあまりありません。海外事業として大きく、デジタルコミュニケーションも独自で進めていることが多いので、本社からコントロールが利きにくいからです。今回は、A社の米国ビジネスがまだそれほど大きくなかったことが、米国の選択を可能にしました。

5カ年計画

こうして取り組みの規模がはっきりすれば、概算の予算と全体のプロジェクト期間が見えてきます。長期計画の策定は全体像が明確となった他にも、2つのメリットがありました。1つ目は、調査・検討を通じた各部署とのやりとりを通じ、プロジェクトへの理解と、「このプロジェクトは自分事である」との認識が深まったこと。2つ目は、デジタル活用に消極的だった人たちも、さまざまな事例を見ることでその可能性に気づいたことでした。

ひな形開発国の選定と各国への展開、複数システムの構築、コンテンツの制作、体制構築などについて取り組む方向性が決まったので、あとは順番を決めれば、5年間のロードマップが確定します。

構成要素を揃えるだけで、何かをつくり上げられるわけではありません。ものづくりでは、部品Bは部品Aが先にないと取り付けられないことがあります。それと同様にウェブサイト群の整備にも、各社の状況に応じた適切な取り組み順というものがあるのです。ウェブサイトリニューアル、CMS・PIM・MAの導入、各国展開と、やるべきことはやったのに、全体として思ったように機能しないのは、やる順番の問題で各要素がうまくかみ合っていない可能性があります。**A社のプロジェクトの成功には、自社に合った進め方を適切に見極められたことも、大きく影響しました。**

体制づくり

長期計画が決まると、次はひな形づくりを推進するための体制をつくります。A社ではウェブ制作チーム、CMS導入チーム、PIM導入チームをつくり、それらを束ねる統括チームを設置しました。そして、マーケティング統括がすべてのチームのリーダーを出しました。顧客に役立つ情報の提供を実現するためのウェブサイト、

ＣＭＳ、ＰＩＭをそれぞれ実現することを、体制面で体現したのです。

４つのチームの主要メンバーは原則、１００％プロジェクトに専任できるようアサインしました。全世界で長く使える仕組みをつくるためには、検討しなければならないこと、調整しなければならないことが山のようにあるからです。

社内のチームに加えて、外部のパートナーもこのタイミングで選定します。ウェブ制作にはウェブ制作会社、ＣＭＳおよびＰＩＭにはソフトウェアパッケージベンダーと導入を担うシステムインテグレーター、そして全体統括をサポートするコンサルティング会社を選びました。

大規模プロジェクトの実績のあるパートナーを選定するため、Ａ社はコンペに３カ月かけました。まず、一次候補として複数のパートナーをリストアップし、類似の経験の有無を徹底調査しました。その上でコンペに声がけする先を絞り込み、第１フェーズで定めた要件を落とし込んだ１００ページにわたるＲＦＰ（提案依頼書）に基づいて、提案を受けました。

第3フェーズ：ひな形をつくる

プロジェクトの第3フェーズは1年半です。ここで目指すのは、全世界に展開可能なひな形となるウェブサイトの構築です。これにより、各国のデジタルマーケティングを高いレベルに引き上げ、各ウェブサイトの構築費用と期間も大幅に抑えられるようになります。

パートナーの選定が済んだら、すぐにウェブサイトの設計・構築に入ります。米国をパイロットケースとしたひな形は、米国の要件を満たしながらも、最終的には、世界に展開可能なものとすることがゴールです。

プロジェクト推進中には、部署間や日米間で異なるさまざまな意見が出てきますので、一つひとつ落としどころを見つけていきます。もちろん、意義があっても今回はできないとの判断を下さなければならないことはたくさんあります。しかし、**長期計画があるとこうしたアイデアを吸収することもできますから、話を収めやすくなります。**また舞台は米国ですが、ひな形づくりは日本で行うので、現地と電話会議や出張などで密なコミュニケーションをとりながら、プロジェクトを推進しました。

異なる意見は、ウェブ制作会社とシステムインテグレーターの間にもあり、全体最適視点で意思決定する調整会議が活躍しました。また、取り組み内容や役割分担の変更・追加には、A社のIT部門がパートナーと一体となって調整に関与することで、柔軟に対応できました。

ひな形づくりの間には、その後の展開フェーズを視野に入れた地ならしも進めます。ひな形を各国に展開する際には、それぞれのマーケティングプランとのすり合わせも必要だからです。このとき、プロジェクトメンバーが各国を頻繁に訪問したことは、中央集権的アプローチにありがちな一方的な押し付けとならないための、重要な下地づくりとなりました。

第4フェーズ：ひな形を展開し、活用の定着化を図る

第4フェーズの期間は2年半です。第3フェーズでつくり上げたひな形を他国のウェブサイトへと展開し、その活用をバックアップしていきます。

ひな形の開発には1年半をかけましたが、各国展開では、1サイトを1カ月で立ち上げることが可能となりました。中央集権でつくった仕組みなのでウェブサイトの立ち上げは日本側で行いますが、各国は各国独自のコンテンツを準備・投入することで

自国のウェブサイトに仕上げていきます。**中央集権のメリットを活かせるよう、コンテンツの共通化率を計画段階で8割以上と高く設定していたことが功を奏し、各ウェブサイトの立ち上げは非常に迅速に進めることができました。**その結果、残り29のウェブサイトを1年間で立ち上げることができたのです。

ただし、大事なのは立ち上げ後です。ウェブサイトリニューアルが終わったとたんに、デジタル化のペースを落としてしまう企業は珍しくありません。A社でも体制の充実していた米国や日本はすぐ軌道にのった一方で、小さな国、進出して間もない国では活用の停滞が生じました。そこでウェブ担当者会議やプロジェクトメンバーの訪問により、停滞要因の解消に努めました。

A社は5カ年計画の立案時、日本国内では強力な営業網を築いていましたが、海外についてはこれからという状況でした。**日本と比べると知名度も低いし、販売ネットワークも緻密でない中、見込み客を適切に育成・抽出できるデジタルマーケティングプラットフォームは、限られた営業リソースを効率的に使えたため、各国の営業部隊からは非常に歓迎されました。**今では、日本と比べて広大な管轄地域内の見込み客を効率的に訪問するために、どの国においても、なくてはならないものとなっています。

A社の成功要因

ここまで、A社を例にとってデジタルコミュニケーション改革の実際を説明してきました。A社では、8億円の投資を3年で回収する計画としていましたが、ひな形の米国ウェブサイト立ち上げ1カ月の引き合い獲得数が計画を大幅に上回るペースであったことから、プロジェクトは立ち上げ早々に成功とみなされました。

A社の成功要因は6つあります。

①明確なゴール設定とグランドデザイン

このプロジェクトは、A社の日本での事業の成長鈍化がきっかけで始まりました。他社に出遅れた海外事業を、限られた営業リソースで効率的に成長させるため、デジタルコミュニケーションを最大限活用する方針が定められ、全体計画では最終形を具体化し、そこへのロードマップを描きました。

ウェブサイトリニューアル、CMS導入、PIM導入を同時に進めるという、非常に難易度の高いプロジェクトでしたが、このグランドデザインは5年間にわたって常に関係者のよりどころとなり、意見の衝突の解決に役立ちました。例えば、8割と定めたコンテンツの共通化率は、どうしても膨らんでくる米国の独自要求を押し返すうえで、重要な役割を果たしたのです。

優先事項を全体計画ではっきりさせていたことが、スムーズなプロジェクト進行に大きく貢献しました。

②費用対効果への強いこだわり

本プロジェクトは、優良見込み客の発掘というゴールが明確に定められていました。そこから、ひな形としてつくられた米国ウェブサイトで集めるべき問い合わせ数や優良見込み客の割合も、数字で目標設定されました。そして、得られる利益から逆算して、本プロジェクトの予算も設定されました。

A社のプロジェクトメンバーは、ひな形やローカルサイトの立ち上げで満足することが一切ありませんでした。むしろ、立ち上げたその瞬間から数字を追いかけ、特に

図表4-3 A社の成功要因

1. 明確なゴール設定とグランドデザイン
2. 費用対効果への強いこだわり
3. プロジェクトの専任体制とマーケティング統括の主導
4. 慎重なパートナー選定
5. コンテンツと分析を両輪とする運用体制
6. リアルとデジタルの連携

最初の1カ月は誰もが、投資回収のできるペースで成果が上がっているかを注視している状態でした。ひな形の展開先でも、海外販社のトップが毎日ウェブサイトのログをチェックしていたほどです。デジタルコミュニケーションを海外マーケティングの核とするとの意識は、全関係者に深く浸透していました。

あらゆる施策を数字で価値換算し、個人の評価に紐づけたことが、ウェブサイトの立ち上げ後こそが本番との意識を徹底することにつながっていました。

③プロジェクトの専任体制とマーケティング統括の主導

社内体制の面では2つの成功要因がありました。**1つはひな形構築を行った1年半、プロジェクトの主要メンバーが本プロジェクトの専任であったことです。**そのことでメンバーは、このプロジェクトに一点集中することができました。また途中で予期せぬ問題が起きても、その解決を最優先に動くことができました。1年半という短い期間で一気呵成に全体整備を進めるうえで、なくてはならない判断でした。

4つのチームをすべてマーケティング統括がリードしたことも、ひたすら優良見込み客の抽出力を上げることに専念できた大きな要因だと思います。特にCMSやPIMのようなシステムの要件定義となると、IT企画部門が主導することが少なくありません。しかし、その場合どうしても、社内ITルールへの適合性やシステム保守の容易性、セキュリティ対策などに目が行きがちになります。もちろんこれらも重要ではありますが、優良見込み客の育成という大目的の追求姿勢がどうしても弱くなってしまいます。その意味で、すべてをマーケティング統括に任せたことは英断でした。

日本での同様のプロジェクトからすると、とても贅沢で果敢な体制に見えると思います。しかし、プロジェクトの規模と内容、そして結果を見ると、ふさわしかったとしか言いようがありません。**デジタル上の巨大な顧客接点を制御するデジタルマーケティングプラットフォームの構築では、体制構築に惜しみない投資をするべきでしょう。**

④慎重なパートナー選定

パートナー選定のコンペに際して声をかける企業を、過去実績などを徹底して調べたうえで絞り込んだことも、プロジェクトの成功に大きく貢献しました。ＢｔｏＢ製造業のウェブサイトは、いくつものシステムを用意してつなぐ必要が出てきており、10年前よりもはるかに規模が大きく複雑です。

ですが、その企画・設計・構築のすべてを単独でこなせる会社はないので、テーマごとに類似の経験を持ったパートナーを見つけてコンペの参加を要請しなければなりません。テーマに合わないパートナーに声がけすると、実は得意ではないのに、わからないが故の安価な提案となりがちです。ところが、上層部は価格に目を奪われて、その提案を選択してしまうのです。

30階建てのビルを建てる場合は大手ゼネコンに頼むもので、地元の工務店に依頼することはありません。同じ建築であっても、家を建てるのとはあまりに違うからです。しかしデジタルコミュニケーションでは、どのテーマならどのタイプの会社、という相場観がまだありません。その結果、案件に合っていないパートナーを選んでしまいやすい環境が残っています。

そこでA社は、業界と各パートナーの特徴を理解している全体コンサルティングを活用しました。そして、2段階の慎重なプロセスによるコンペを開催したことで、実力のあるパートナーを選定することができたのです。

⑤コンテンツと分析を両輪とする運用体制

A社は、ウェブサイトの品質を維持・向上させるために、充実した運用体制を敷きました。**特に注目すべきは、コンテンツの制作体制を整備したことと、データ分析の専門チームを設置したことです。**

一般的に、BtoB製造業の商品コンテンツは仕様が中心で文字が多くわかりにくいのですが、A社のコンテンツはユーザーメリットにフォーカスを置き、シンプルな言い回しと、ビフォー・アフターの写真を多用しています。そのコンテンツづくりを担っているのが制作チームで、豊富な事例と基礎コンテンツを惜しみなく公開するとともに、もっと詳細を知りたい場合には必ずメールアドレスを登録してダウンロードさせるようになっており、リード獲得につながる構造となっています。

専門のデータ分析担当を置いたのは、より深い分析を目指したからです。多くのBtoB製造業では、コンテンツ更新や小改修などウェブサイトの運用を行う担当者がデータ分析を兼務する形となっていると思います。しかしA社は、それでは十分な分析ができないと考え、専任チームをつくりました。自分のミッションに忠実にフォーカスできるため、優良顧客の判定ロジックは毎週のようにチューニングをかけているほどです。その結果、分析の精度が上がり、見込み客リストは営業にとってなくてはならないものとなりました。

第3章で述べたように、**デジタルコミュニケーションの活用の肝はコンテンツとデータ分析です。**ウェブサイトをつくって一安心する企業では、この2つが弱くなりがちです。一方、これこそがデジタルマーケティングの要と考えたA社にとって、専任チームの立ち上げは自然な結論でした。

⑥リアルとデジタルの連携

Ａ社は、リアル側の営業とデジタル側の専門分析チームとの連携を、ルール化によって実現しました。分析結果を受けた営業がどのように行動すべきかを規定したのです。例えば、顧客企業の役職者が引き合い行動をとった時は、半日以内に電話を入れるように定められています。分析チームは、専任である自分の分析結果を営業が使わねばならないので、自ずと分析の真剣度は上がります。また、営業も自分たちのパフォーマンスに直結するため、分析チームにフィードバックを返します。

リアルとデジタルの双方に、相互の連携を後押しするルールを設定したことが、両者の間の好ましいサイクルにつながっています。

基礎コンテンツの閲覧を起点に、商品情報や導入事例を見てもらい、詳しい情報を求める企業・担当者にはメールアドレスを要求。そして、登録や引き合い行動時にすぐに電話をかける。決してチャンスを逃さないＡ社のデジタルマーケティングの勝因は、次のプロセスへの確実なパスを、スムーズにつなげていることです。

デジタルマーケティングを使いこなすことで、Ａ社は真のソリューション営業を実現しているのです。

専門家を使いこなす

A社の例で見てきたように、デジタルコミュニケーションの構築・推進には外部の各種専門家の活用が欠かせません。しかし、適切な使い分けには改善の余地があります。そこで、テーマに応じて使い分けられるよう、デジタルコミュニケーションを支援する主な業態と、それぞれの特徴を示します。

①ウェブ制作会社

ウェブサイトのデザインやコンテンツ制作、簡易CMSの導入や運用などを行います。企業によって、BtoB・BtoC、製造業・非製造業、大企業・中小企業、大規模プロジェクト・小規模プロジェクトなど、制作実績や得意領域が分かれます。また、アプリ開発に特化した制作会社もあります。最近は大型のシステム構築が絡むプロジェクトが多いので、システムインテグレーターとの協業経験の有無が問われるようになっています。

②システムインテグレーター

現在のウェブサイトリニューアルでは、ＣＭＳ、ＭＡ、ＰＩＭなどのシステム構築や業務システム連携が絡むケースがほとんどです。その場合、システムインテグレーターが欠かせませんので、ウェブ制作会社と役割分担して取り組むことになります。ウェブ制作会社と同じで、制作実績や得意領域があるので、その傾向をしっかり見極めることが大切です。

③全体コンサルティング／ＰＭＯ（プロジェクト推進支援）

デジタルコミュニケーション戦略や長期計画を支援します。また、プロジェクトが動き出してからの全体推進の役割も担います。大型プロジェクトでは、ウェブ制作会社と複数のシステムインテグレーターを統括する必要があるため、全体統括を行うこともあります。

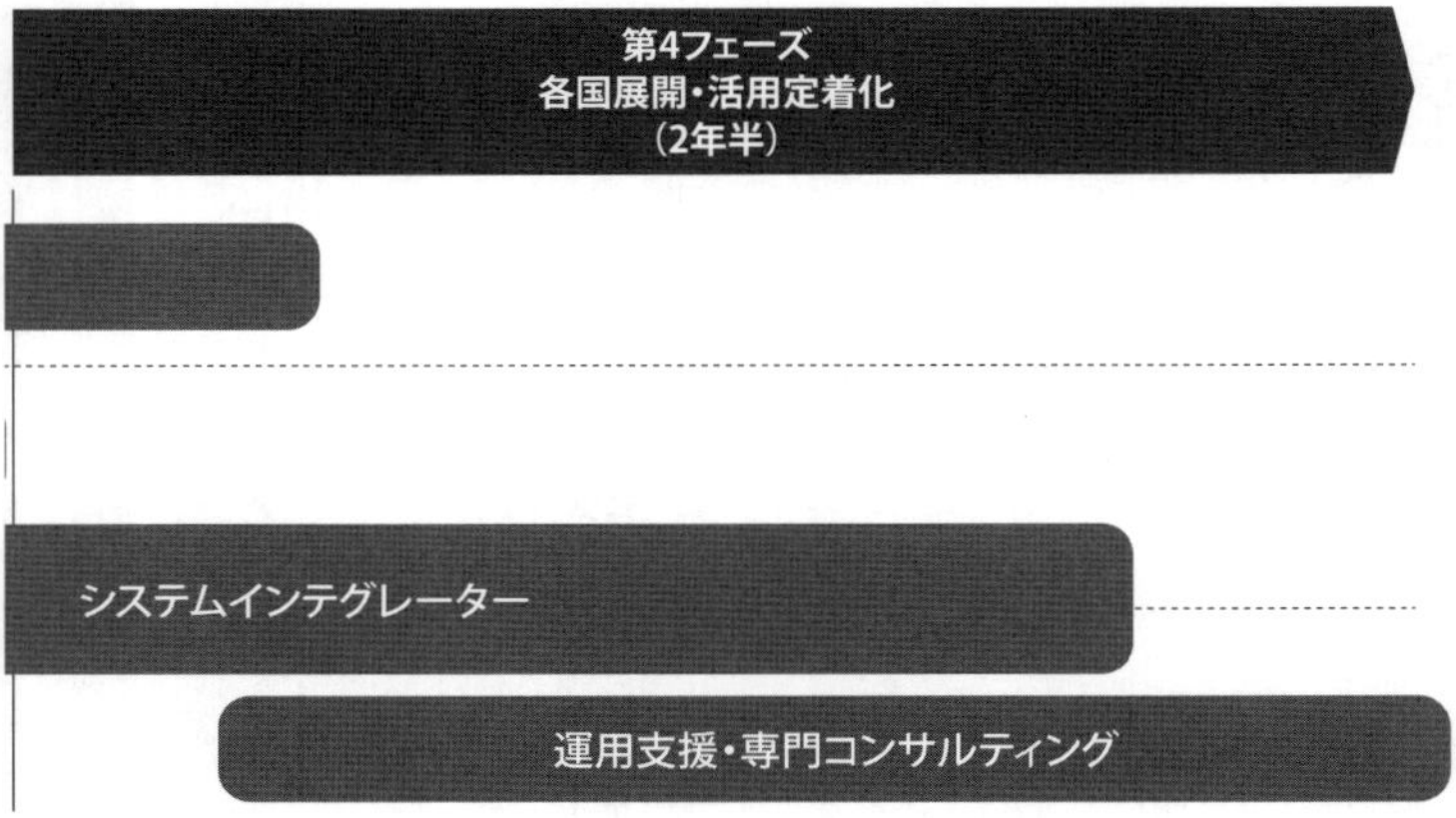

④運用支援・専門コンサルティング

出来上がった仕組みを使って成果を出す取り組みを、伴走支援します。インターネット広告、SEO、SNS活用、データ分析、コンテンツ制作など、それぞれの領域に特化している強みがあります。

他にも、パッケージベンダーやセキュリティコンサルティングなど、多くの企業がデジタルコミュニケーションを支援していますが、代表的なのはここで挙げた4タイプの企業です。前述のA社プロジェクトを例にとると、各社は図表4-4で示した領域を担います。

図表4-4　専門家のカバー領域（A社を例に）

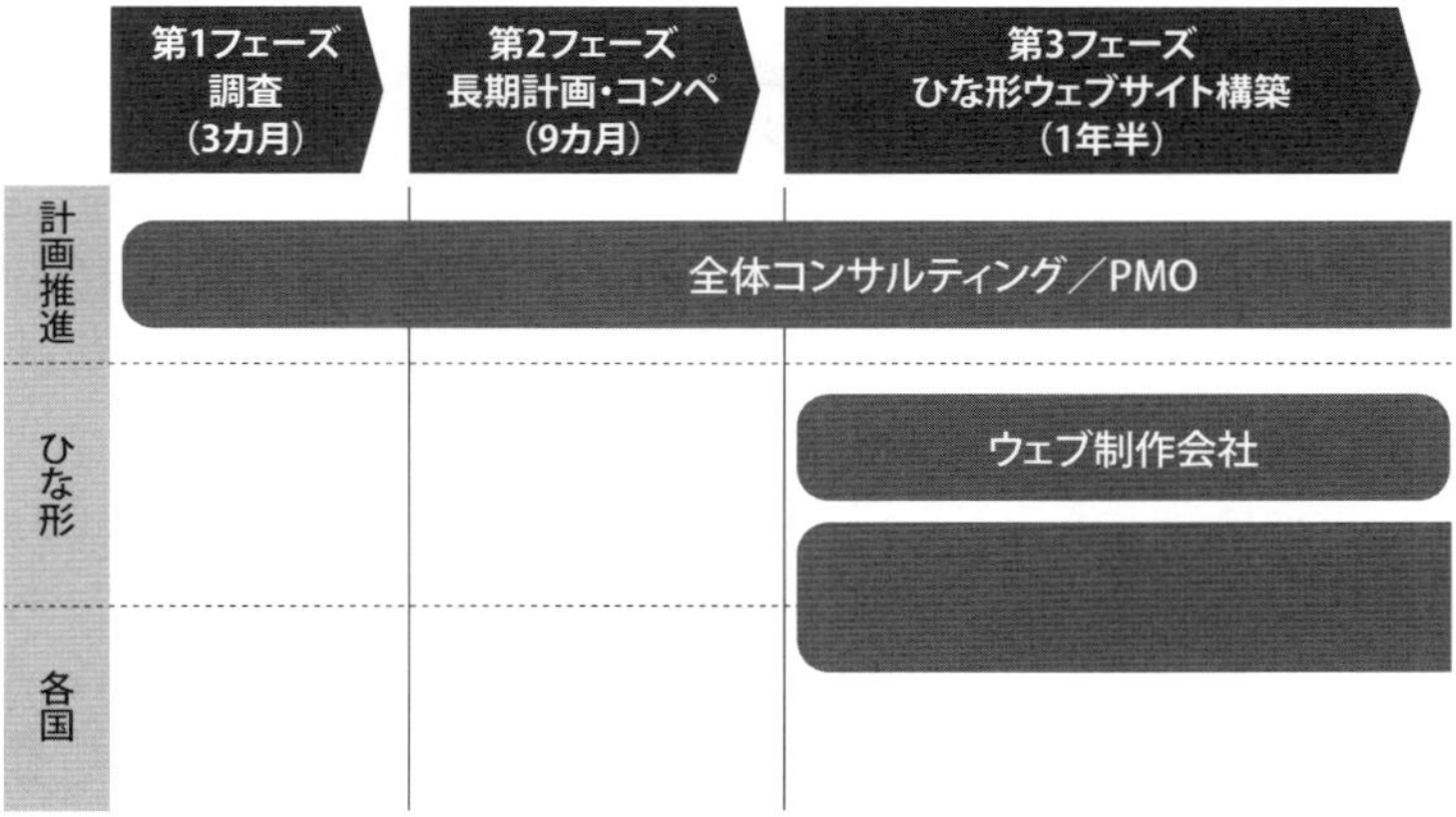
第1フェーズ
調査
（3カ月）
第2フェーズ
長期計画・コンペ
（9カ月）
第3フェーズ
ひな形ウェブサイト構築
（1年半）
計画推進
全体コンサルティング／PMO
ひな形
ウェブ制作会社
各国

（出所）イントリックス作成

専門家を使いこなすうえで気を付けたいのは、近年のウェブサイトリニューアルが大型化し、複数の専門家を同時に使わなければならなくなっていることです。全体の統括役は、ウェブサイトの戦略的ゴール、デザイン・コンテンツ制作などのウェブ制作、システム構築のそれぞれの知見を持っている必要があります。

つまり、184ページで触れる「戦略・デザイン・システムをバランスさせる」ことのできる専門家を統括役に据えなければいけないのですが、ふさわしい専門家がまだ少ないこともあり、3つの要素をうまく融合できないケースが多発しています。また、統括役の必要性に気づかず、不在に近い状態で進めるケースすらあります。

戦略・デザイン・システムの専門家はそれぞれ気質が異なり、同じテーマでも着目点がかなり違います。全体統括の専門家には、そのことを理解している全体コンサルティング会社を慎重に選びましょう。長期計画を立てる際にも全体コンサルティングを入れ、要件を明確にするRFP作成やコンペの開催も支援を受けるといいでしょう。

A社の例でも触れたように、コンペの声がけ先から慎重に選んでおかないと、適切でない提案書が集まることになってしまいます。建設に例えれば、高層ビルの建築を街の工務店に頼んだり、デザインの専門家に構造設計を頼んだりということが起きているのです。

デジタルコミュニケーションの世界は専門テーマが急速に多様化したため、適切な専門家選びや全体統括の難易度が増しています。特に大規模なプロジェクトでは、全体コンサルティングの活用が必須であると考えてください。

デジタルコミュニケーションはつないでこそ

デジタルコミュニケーションは〝つないでこそ〟だと、私は考えています。これが本書でお伝えしたいことであり、A社の取り組みを象徴するものでもあります。ここには3つの意味があります。

1つ目の「つないでこそ」は、「コンテンツやデータをつなげる」です。企業は商品に関するさまざまなコンテンツを持っていますが、それを相互に紐づけることで情報の価値は何倍にもなります。

2つ目の「つないでこそ」は、「リアルとデジタルをつなげる」です。両者は互いにない特徴を持っているので、うまく使い分けてスムーズに行き来させると、コミュニケーションの価値を最大化することができます。

3つ目の「つないでこそ」は、「社内の複数の部署をつなげる」です。1、2を実行するには、社内部署間の連携がスムーズでなければなりません。

MLB.comやジョン・ディアが優れているのは、この3つがしっかりできているからです。MLB.comでは、あらゆるコンテンツが紐づけられているため、バッターの大谷選手とダルビッシュ投手の対戦から、2塁打の動画だけを抽出して見ることができるのです。ジョン・ディアの部品発注システムは、ウェブサイトだけがよくできているのではありません。全世界のパーツ配送センターと、サポートを行うディーラーとの連携があってこそのサービスなのです。そしてA社もまた、リアルとデジタルの強力な連携で、顧客の購買検討状況を細大漏らさずつなげていることが、同社のデジタルマーケティングを成功に導いています。

つなげることは新たな価値を生み出します。そして、デジタルコミュニケーションは、つなげることが得意です。

ここに焦点を当てることが、デジタルを使い倒すということなのです。

第5章

デジタルコミュニケーションを前進させるには

ＢｔｏＢ製造業の現在地

１９９０年代半ばのインターネットの登場から四半世紀が経ちました。デジタルコミュニケーションにしっかり取り組まねばならないと感じつつも、なかなか満足できるレベルにない、というのが平均的なＢｔｏＢ製造業の状況でしょう。今後の取り組みを考えるため、売上１０００億円企業を念頭に、現状をもう少し詳しく見てみましょう。

①商品情報：基本はできたが、デジタルのよさを活かしきれていない

国内のウェブサイトは主要な商品は掲載できていますが、すべてはカバーできていません。

ウェブサイトの特徴の1つは、大量の情報を発信できることです。そのため、紙のカタログなら割愛してしまうようなマイナーな商品も、ウェブサイトには載せておけ

図表5-1　BtoB製造業の現在地

項目	現在地
①商品情報	基本はできたが、デジタルのよさを活かしきれていない
②企業情報	過去・現在だけでなく、未来の話がもっと必要
③集客施策	SEOに開拓余地あり
④ウェブサイト群	コーポレート直営サイト以外が課題
⑤運用体制	コンテンツとデータ分析の両輪は回し切れていない
⑥上級編	双方向機能とデジタルサービスはこれから

（出所）イントリックス作成

ます。たまに売れるけれども売上が小さく、人手をかけたくないカテゴリーほどウェブ掲載の効果が高いので、今後はそこまで商品情報を拡充することが必要です。

商品情報の深さも、まだ紙カタログレベルが中心で、仕様と概要にとどまっていますが、**1つの商品モデルに紐づくあらゆる情報をワンストップ提供できると、顧客の利便性は大幅に高まります。**事例、安全データシート、販売店情報、CADデータ、トレーニング情報、マニュアル、問い合わせやデモ機の申し込み、コミュニティなど、ウェブサイトのどこかに分散されている関連情報をすべて紐づけましょう。そうしてワンストップ性を高めることが、今後のテーマです。

また、エマソンのマニュアルアーカイブのような、海外のBtoB製造業がすでに実現している、デジタルだからこその情報提供については、国内ＢｔｏＢ製造業は大幅に後れをとっています。**仕様・オプション選択、見積、在庫・納期、閲覧に基づくリコメンド、閲覧履歴など、ユーザーのアクションに応じた情報提供も、紙カタログではできなかったことであり、営業担当者の業務を軽減できるものとして、今後の整備が待たれます。**

②企業情報：過去・現在だけでなく、未来の話がもっと必要

自社の事業領域や実績、数字で見るわが社、ＩＲ、採用といった基本的な情報は、どの企業でも十分に提供されています。

ただ、大変革の時代への対応という視点で見ると、強化したい部分もあります。それは未来についてです。第１章で触れたように、産業界はデジタル化やカーボンニュートラル、そして国際情勢の不安定化など、非常に大きな変化の渦中にあり、企業間関係も大きくリシャッフルされる状況にあります。つまり、**はじめての相手に対する自己紹介の必要性が高まっているのです。**

今、多くの企業が企業情報で扱っているのは、過去の実績と現在の姿が中心です。

図表5-2 デジタルの表現力を駆使したクボタのスマートビレッジ構想

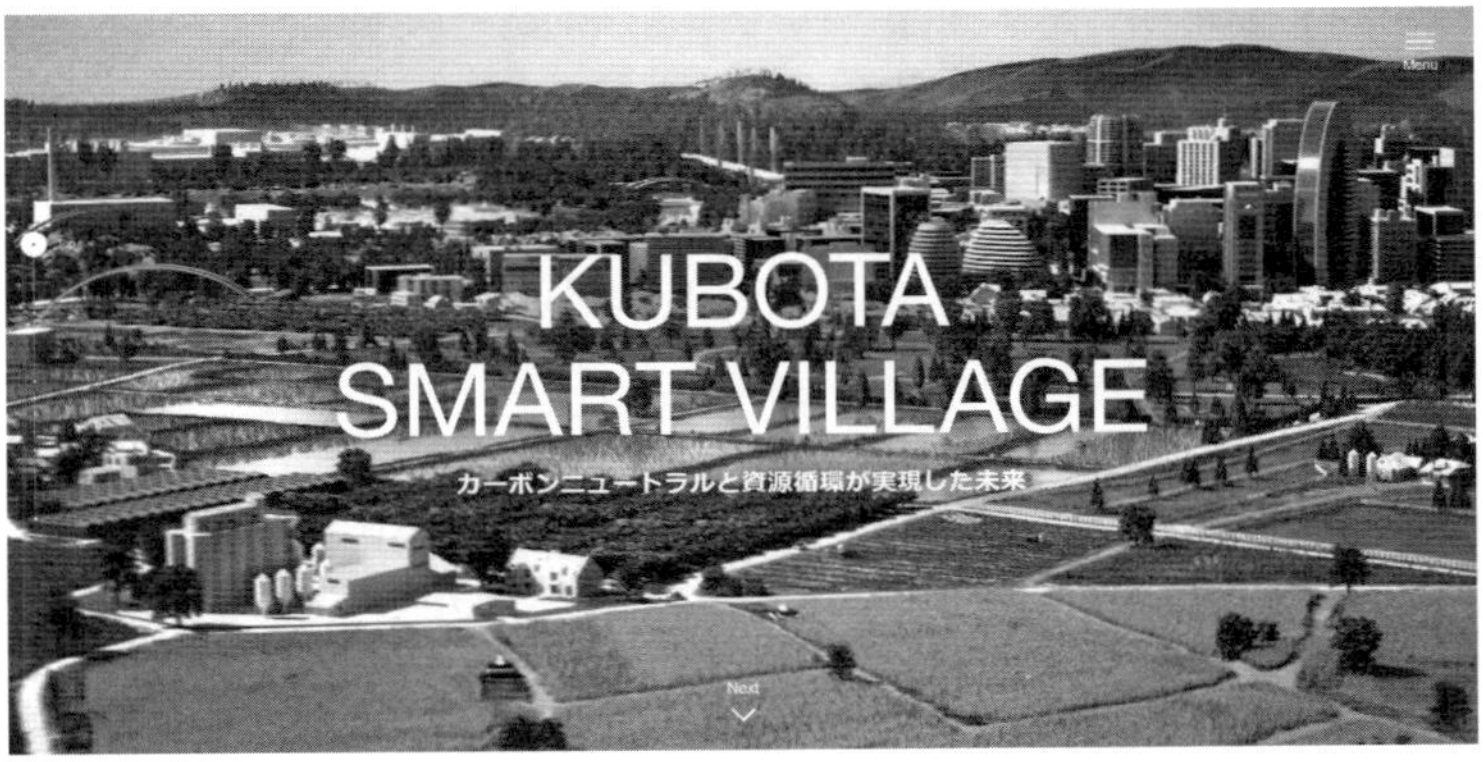

（出所）https://www.kubota.co.jp/smartvillage/

しかし、**この大変革時代に新しい取引先を模索している企業は、相手がこの変革にどう向かうのかに関心があるケースが多いはずです。**ですので、**エネルギー転換、自動車のEV化、社会のスマート化、生産現場のDX、サプライチェーンの再構築に対する自社の向き合い方を示していかねばなりません。**

食料・水・環境領域での社会課題解決を使命として製品・ソリューションを展開するクボタは、未来を表現するのに、デジタルの幅広い表現力を上手に使っています。世界中で進行する食料・水不足、資源の枯渇、そしてインフラの限界を解決する同社のスマートビレッジ構想は、未来の循環型コミュニティです。しかし、構想を支える基本姿勢やまだ存在しない社会のありよう、DXを中心としたソリューションはどれも目で見ることができません。そこで、誰にでもわかるようにCG、動画、インフォグラフィックを駆使して、自然と共存するコミュニティを表現したのです。

本構想のみならず、スマートソサエティやモビリティ社会など、描くべき未来が遠くて大きいのは、大変革時代の特色です。そんな未来を形にする意味は、自社の意思を対外的に示すことだけではありません。

クボタの北尾裕一社長が打ち出したスマートビレッジ構想は、社内でもいろんなとらえ方がありました。すでに取り組んでいるスマート農業や、長期ビジョン「GMB2030」との関係性について、受け取り方が一様ではなかったのです。そうした中、構想の意味するところをクリエイティブに表現したことで、展開中のソリューションと本構想、そして長期ビジョンの関係が明確になりました。言ってみれば社長の頭の中の見える化が、社内の理解を共通化させる大きな役割も果たしたのです。

③集客施策：SEOに開拓余地あり

デジタルコミュニケーションの中核であるウェブサイトを訪れてもらうには、集客施策が欠かせません。

オンライン広告、キーワード広告、SEOなどの基本施策は、すでに実施しているところが大半です。ただ、本当の効果を出すためには結果を見ての継続的なチューニングが必要なのですが、そこまではやりきれていない企業が多いでしょう。**BtoCと違ってBtoBの検索ワードは専門的かつ多種多様で競合が少ないものがまだたくさん残されていますので、上位表示を狙える今のうちにこの状況を活かすべきです。**

また、SNSを効果的に活用できている企業は少なく、アカウントは開設していても継続的な投稿に苦労している姿が目につきます。

SEOにおける鉄板の集客施策は、顧客の困りごとを解消する基礎知識コンテンツです。例えば「業務用3Dプリンターの種類と使い方」といった情報は、なかなか書籍もないし、あっても専門的だったり少し情報が古かったりします。それを無料でいつでも見ることができ、しかも簡潔にまとまっているとなると、検索を通じて非常に強い集客力を発揮します。

ジョン・ディアやメルク、キーエンスなど、一部の進んだBtoB製造業は、雑誌に比肩するほどの充実した基礎コンテンツを提供し続けていますが、それは相応の効果があることの証明に他なりません。57ページで紹介した漁協から問い合わせのあったメーカーも、自社ウェブサイトのアクセスの半分近くが基礎コンテンツとなっています。それだけ力を入れていたからこそ、意外な顧客との出会いが得られたわけです。

また、今後は業界のポータルサイトが存在感を増すでしょう。自動車業界ならマークラインズ、化学業界ならSpecialChem、業務用３Ｄプリンターなら ShareLab といった各業界のポータルサイトには、よりフォーカスされた業界関係者が集まります。現在主流の総合ビジネスメディアやＳＮＳと比べて、ターゲティングの精度が高くなりますので、ＢｔｏＢ製造業の集客施策として、欠かせない一翼になっていくはずです。

④ウェブサイト群：コーポレート直営サイト以外が課題

コーポレート直営の国内向けサイト（co.jp）やグローバルサイト（.com）の情報量や使いやすさは、すでに一定水準に達しています。**ただ、事業部サイトや各国サイト、子会社サイトになると、ぐんとレベルが下がるケースも目につきます。**また、運用を支える各種システムも、各事業部や各国が個別で整備していることが多く、会社としての統合的な管理がなされていません。

Ａ社のように中央集権的にやるのか、ダイキンのように各国・各事業部分権型で進

めるのかで、本社の関与の仕方は異なります。ただし、分権型で自立してもらうことがゴールではあっても、独り立ちまで時間がかかりそうであったり、コンテンツやシステム面で共通化できるものが多かったりする場合は、本社が積極的に主導して、ウェブサイト群全体の整備を長期計画のもとに進めていく必要があります。

⑤運用体制：コンテンツとデータ分析の両輪は回し切れていない

ＢｔｏＢ製造業におけるウェブサイトの品質も、すでに一定のレベルにあります。基本的なコンテンツは揃っているし、ＣＭＳやログ解析、ＭＡなども揃っています。しかし、それを本当に活かしきれているのかについては、まだ道半ばと言わざるをえません。

大きな課題の１つは、コンテンツの継続的な制作ができないことでしょう。**コンテンツを通じて潜在顧客との接点をつくり、育てることがデジタルマーケティングの本丸ですから、常に、多様なコンテンツ、新しいコンテンツが必要になるのです。**

しかし、体制・予算の問題で継続的にコンテンツを追加できないＢｔｏＢ製造業は非常に多いと思います。第１章で述べたように、対外的なコミュニケーションをやってこなかったことが、情報を出す文化の弱さとして、良質のコンテンツを増やすうえでの大きな障害となっています。具体的には、予算が少ない、体制が整っていない、情報公開に社内の協力が得られない、角のとれた丸い表現で特色が弱まる、文字中心でわかりにくい、などです。

また、ＢｔｏＢ製造業のコンテンツ制作に精通した外部パートナーが限られていることも、業界全体の悩みです。もともとマーケティング目的での情報発信が少なく、内容が専門的で分野も細分化していることから、コンテンツ制作支援のビジネスが成り立ちにくく、経験豊かなパートナーが育っていないのです。しかし、いないものはいないので、**自社内で人材を登用する、もしくは数少ない外部パートナーを育成するつもりで、長期視点でつきあっていくなどの取り組みが必要だと思います。**

データ分析の有効活用についても、安定的な成果をあげられていない企業がほとんどでしょう。分析のためのツールは十分揃っています。分析のためのデータにも不足はありません。ですが、一部のデジタルマーケティング先進企業を除くと、担当が毎週のようにデータをチェックし、分析ロジックにチューニングをかける企業はほとんどありません。

そうなってしまう理由は複数あります。データを見ることが習慣化できていないこと、仮説を持ってデータを見ないのでデータの洪水に溺れてしまうこと、多機能なツールに振り回されてしまうことなどです。より本質的な理由は、**データ分析の専任人材がいないので組織としてアクションに結びつくデータ分析が安定的にできず、そうした能力を磨けないことにあります。そして、有意な分析結果が出てこないので、分析への期待が低下し使われなくなる、という負のサイクルがあるのです。**これでは、デジタルマーケティングへの投資回収はおぼつきません。

また、せっかくあるデータをつなげる仕組みが弱いので、分析の手間がかかってしまうこともあるでしょう。例えば、3日間の展示会ブース来訪者がすぐにウェブサイトを訪れて、何ページも閲覧してくれたことがわかれば、自社への関心の高い来訪者だと感知できます。しかし実際には、名刺のデータ化は会期後なので、来場前後のリアルタイム分析はできていません。

データはとれているが、活かせてはいない。これが、平均的なBtoB製造業の現状であり、本格的な活用には、第4章で登場したA社のようなデータ分析担当の専任体制が不可欠でしょう。

⑥上級編：双方向機能とデジタルサービスはこれから

オプション選択や見積機能、EC、会員機能やコミュニティ、販売代理店ポータルはどれも、営業担当者の業務を肩代わりするものであり、営業プロセスの合理化に大きく貢献するものです。しかし、Texas Instrumentsやジョン・ディアなど、欧米では多くのBtoB製造業が実装しているのに対し、日本のBtoB製造業ではまだまだです。

理由の1つに、販売代理店との役割整理ができていないことがあります。**デジタルコミュニケーションに任せられるところは任せ、人でなければならないことを販売代理店にまかせる、デジタル時代のメーカーと販売代理店の役割分担の再定義が必要なタイミングが来ているのです。**

取り組みが後れているもう1つの大きな理由として、デジタルマーケティング用の製品・部品データベースが整備されていないことが挙げられます。双方向機能やウェブサービスは顧客の要求に応じた情報を返すので、製品・部品情報をはじめとする多くの情報を扱います。そのため、データベースが不可欠なのですが、それがないのです。

図表5-3 メーカーと販売代理店の役割分担

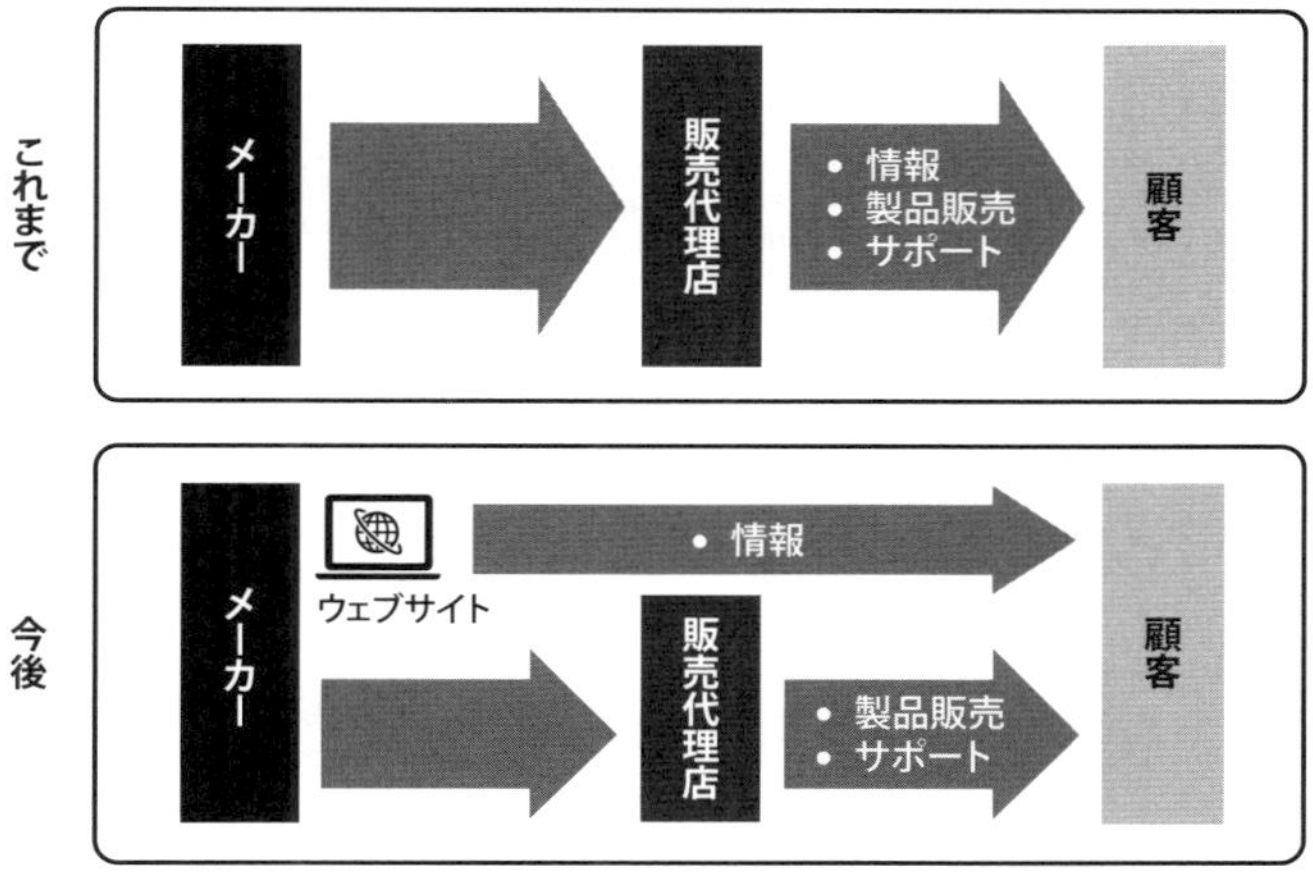
これまで
メーカー
販売代理店
• 情報
• 製品販売
• サポート
顧客
今後
ウェブサイト
メーカー
• 情報
販売代理店
• 製品販売
• サポート
顧客

（出所）イントリックス作成

もちろん、今どき製品データベースのない会社はないのですが、それは設計・生産のための詳細なデータベースです。マーケティング用にはそこまで深い情報が必要ない代わりに、付随するテキスト・写真素材や、関連データ・資料などを紐づけて管理しておく必要があるのです。

こうした**マーケティング用のデータベースがないために、日本では双方向機能やデジタルサービスが後れています。**先に指摘した、コンテンツを一元集約して見せることが後れているのも、このことが背景にあります。

ただし、ＥＣサイトを使い、単価の安い消耗品などを販売する企業は増えています。しがらみのない新興国でEC活用を進め、メリット・デメリットを見て、次なるステップの準備をしている企業もあります。まだ、自社でECサイトを開設している企業は少ないのですが、大手ECプラットフォームの活用は徐々に進んでいます。ボリュームが出てくれば、自社ECプラットフォームを構築する企業も増えてくるはずです。

「デジタルだからこそできること」に進むための6つのポイント

以上が、平均的な国内BtoB製造業のデジタルコミュニケーション活用状況です。総じて見ると、**基本はできているが、従来のコミュニケーションの焼き直しというレベルにとどまっていて、デジタルだからこそできることについてはまだこれから**、ということです。

それでは、この状況を前進させるにはどうすればいいのか、考えていきましょう。押さえておくべき6つのポイントがあります。

図表5-4　前進のための６つのポイント

1. 自社の位置を知る
2. ゼロベースで発想する
3. 戦略・デザイン・システムをバランスさせる
4. 本丸はコンテンツ
5. 社内の人材を活かす
6. ウェブサイトリニューアルと運用が人材を育てる

①自社の位置を知る

デジタルコミュニケーション改革が進んでいないと考えているＢｔｏＢ製造業は、まず自社の位置を知ることからはじめましょう。自社の相対的な現状がわからないために、改革に本腰が入っていない可能性があります。そこで**まず、競合との比較を徹底的に行ってください。**

先進的な競合との差が見えてきたら、埋めるべき差とすぐには埋めなくてもいい差に分類します。差があるからと言って、すべて同等にすることはなく、あくまで自社の戦略に沿って取捨選択してください。逆に、業界がそれほど進んでおらず、競合に差をつけやすいことに気づくかもしれません。そして、どの時期にどのテーマに取り組むかを、ロードマップにまとめます。

なお、直接競合する日本企業だけを見ていると、どんぐりの背比べに終わってしまい、かえって安心してしまうリスクがあります。ですので、同業の欧米企業を研究することをおすすめします。ＢｔｏＢ製造業では、欧米の方が情報量も双方向機能も先を行っています。仮にビジネス上は市場が異なって直接競合しなくても、同じ業種ですからヒントにできることがたくさんあるはずです。**日本の競合がやっていない施策があり、自社の市場でも有効そうであればいち早く取り入れることで、競合に対して差をつけることが可能です。**

また調査対象は、同業に限らず、類似業種にまで広げてみましょう。光源ランプメーカーの場合、直接競合しない精密光学部品メーカーや専門商社の商品情報の見せ方も参考になるはずです。また機械部品メーカーにとっては、同じ中間財で選択肢の非常に多い電子部品メーカーの商品分類やパラメータの見せ方が、役に立つことでしょう。

デジタルコミュニケーションを突き詰めるヒントは、他社の中にいくらでも転がっているのです。

②ゼロベースで発想する

検索システムはＧｏｏｇｌｅの登場前からありましたが、図書館や記事データベースなど特定の情報源を対象としていたので、システム企業は〝その枠内〟での精度を磨くことに注力していました。しかし、後発でそうした発想の縛りを持たなかったＧｏｏｇｌｅはその枠を超えた「世界中の情報を整理し、世界中の人がアクセスできて使えるようにする」ことをミッションに掲げて、情報検索のあり方を根底から変えました。同様に、企業のデジタルコミュニケーション戦略も既存のコミュニケーションの置き換えではなく、デジタルで最大限できることから逆算して全く新しいコミュニケーションのあり方を考えるべきです。

とは言え、日本のＢｔｏＢ製造業には、これまで積み重ねてきたビジネスの歴史があります。そのため、販売代理店との関係性を考えてＥＣサイトの拡充に踏み切れない、といったことが起きています。

そこで、**「当社は今創業したら、リアルとデジタルのコミュニケーションをどう使い分けるだろうか？」と考えることをおすすめします。**これまでの制約をいったん脇に置いてフラットな状況で考えれば、必要な場面でデジタルを使い倒す自社の姿が見えてきます。

実は、デジタルコミュニケーションの先進企業であるキーエンスやミスミの商流には、販売代理店がいません。キーエンスは直販制を採用し、ミスミは自身が商社だからです。これは、販売代理店のことを気にしなくていい状況下で考えてみたら、デジタルコミュニケーションを使い倒すのが自然な結論であったことを示唆しています。

こうした頭の体操をしてみると、デジタルのメリットを最大限享受する自社の姿を描くことができるはずです。

③戦略・デザイン・システムをバランスさせる

デジタル活用を突き詰めるには、戦略・デザイン・システムのバランスが鍵を握ります。

米Texas Instrumentsのデジタルコミュニケーションが優れているのは、（1）種類が豊富で付随する情報の多い電子部品事業とデジタルの親和性を見出し、（2）大量の情報を扱いながらも迷うことなく必要な商品を探し出せるデザインと、（3）大

量の情報を管理できる大規模システム、を実現した点にあります。戦略・デザイン・システムのそれぞれがしっかりしているだけでなく、バランスよく融合できていることが、注目に値します。ＢｔｏＢ製造業がデジタルコミュニケーションを使いこなすためには、この三位一体がとても重要になります。

日本のＢｔｏＢ製造業では、情報の探しやすさは一定レベルに達しているものの、デジタルのよさを活かしきろうという戦略がありません。あえて言えば、まだ情報が少ないから探しやすいにすぎず、情報が増えればもっとレベルの高いユーザビリティが求められてくるでしょう。また、導入されたシステム・ツール類も、本来の力を出しきれていません。使い勝手や対象データが限定的で、人材育成も後れているため、一部の人しか使えていないのが実状です。今はそのことがボトルネックとなって、デジタルコミュニケーション全体のレベルも引き下げられている状態です。

現在のＢｔｏＢ製造業には、戦略・デザイン・システムを俯瞰して見る視点がありませんが、後で触れるように、大規模なウェブサイトリニューアルを通じて、そうした視点を持つ人材・部署を育むことが可能です。ただ、それには時間がかかりますので、当面は、戦略・デザイン・システムの融合経験が豊富な全体コンサルティング企業を活用することが望ましいでしょう。

④本丸はコンテンツ

日本のBtoB製造業はこれまで特に、「ウェブサイト」に掲載するコンテンツづくりに消極的でした。

あえてウェブサイトに「」をつけたのは理由があります。日本のBtoB製造業は展示会や対面営業に重点を置いてきたため、そこでは顧客の要望に応じた情報提供ができているからです。しかし、**BtoB製造業にうってつけのウェブサイトを活かす発想にはまだ乏しく、コンテンツのデジタル化は後れています。**材料はあるのに、ウェブサイト上に載せきれていないことが現状の課題です。ウェブサイトで新たにできたスペースと広がった表現手法を、まだ十分に活かしきれていないのです。

自社の情報資産をふりかえるためにも、情報の棚卸しを行い、顧客にとって役に立ちそうなものを探しましょう。例えば、営業担当者が顧客に対して使っている商品説明用資料、販売店や社内向けの機関誌などは、コンテンツの元ネタとしてとても有力です。コールセンターがある場合は、そこでの質問・回答自体が、顧客が知りたい情報の宝庫です。このように候補となる情報はあまたありますし、ウェブサイトで公開することに関して議論もあるでしょうから、数年がかりで進める前提でロードマップに落としましょう。

基礎コンテンツにしても導入事例にしても、ウェブサイトの持つ広大なスペースを活かそうとするならば、最終的にはコンテンツをつくるための体制が欠かせません。ただでさえ伝えるべき情報が多々あるBtoB製造業がコンテンツ制作を活発化するには、いずれ、しっかりした編集体制が必要になります。トヨタイムズには、新聞社やテレビ局で働いていたスタッフが集まっています。また、空気圧縮機メーカーのアネスト岩田では、コンテンツ制作のための撮影スタジオを設けています。ウェブ評価ランキング上位の常連オムロンはかつて、デジタルサービスの強化にあたってコンテンツが鍵を握ると考え、コンテンツセンタを設立して、コンテンツデータの整備を推進していました。

自社ウェブサイトでの情報発信は今後ますます活発になっていくことでしょう。メディアの衰退が叫ばれる時代ですが、コンテンツに対するニーズは衰えるどころか、正しい情報、専門的な情報へのニーズはむしろ強くなっています。今は不足しているコンテンツ人材も、既存のメディアから移ってくる動きが増えてくるはずです。

⑤社内の人材を活かす

ことです。**デジタルの技術的な部分は外部の専門家に任せる一方で、自社の価値の表現は社内のチームを活かしましょう。**

コンテンツの企画・制作は、経験者やメディア出身者を中途採用するだけでなく、社内で発信力・文章力のある社員を見つけて担当させるといいでしょう。情報の伝え方を知っているこうした人材は、自社の価値の発掘と表現に最適です。さらに、デジタル時代の行動様式に慣れているデジタルネイティブと呼ばれる若者ならば、デジタルの特性を活かした表現をより自然に発想できるはずです。

一方、ベテラン社員もウェブサイトの運営に重要な役割を果たします。ベテラン社員の長所は、会社のことを深く広く知っていることです。社歴が長ければ長いほど、各部署、あるいは全社の組織がどう動いているのかを、詳細に把握しています。

前述のとおり、**デジタルコミュニケーションは、つないでこそ価値が高まります。**その際、部署間の調整や、横ぐしを刺す際のツボを知っているベテランの力が、非常に役に立ちます。各部署の力関係を熟知し、社内の人的ネットワークを持っているべテラン社員は、部署間の連携を強力にサポートしてくれるでしょう。このほか、社外からの問い合わせの一次切り分けや、コミュニティの運営にベテランを配置しているＢｔｏＢ製造業もあります。いずれも、企業全体を知っていることをうまく活かしており、非常に示唆に富んでいます。

刑事ものの映画・ドラマではよく、経験と知識が豊富なベテラン刑事と、エネルギッシュでやる気に溢れた若手刑事がコンビを組みます。それと同じで、ウェブサイトの運営でもこうしたコンビが有効なのです。

⑥ウェブサイトリニューアルと運用が人材を育てる

デジタル活用を進めていくには、人材育成も重要なテーマです。**ウェブサイトのリニューアルは、デジタルコミュニケーションで考えることの幅広さや、部門間の調整などを実地で学ぶ、とてもいい機会となります。**

伊勢神宮は20年おきに社殿を造って御神体を遷す式年遷宮を、約１３００年間にわたって続けています。社殿はまだ使い続けられるのに遷宮を行う理由は、技能継承だと言われています。一般の技術者が40年間働くとすると、20年おきに行われる式年遷宮に二度関わることができる計算です。こうすることで、次世代への技術継承がスムーズに進むのです。

ウェブサイトリニューアルも同じ役割を果たせます。コンテンツ制作やデータ分析は単独で学ぶ機会もありますし、ウェブ制作やシステム構築は外部パートナーを活用できます。しかし、全体の出来を左右する、それらをつなげて組み上げる作業はとても複雑で、独学だけで身に付けることはできません。実践経験が欠かせない領域なのです。

そこで、ウェブサイトリニューアルの出番です。一度でも経験すると、デジタルコミュニケーションの全体像が見えますし、コンテンツやデータ分析が、どことどう結びつき、自分の作業が何に影響を与えるのかを理解できるのです。

ウェブサイトの運用も、実は、自社のことを幅広い視点で学ぶ絶好の場所です。ウェブサイトは企業そのものであり、ブランディングからマーケティング、法務、ITから各事業のことまで、あらゆるテーマに触れられるからです。グローバルサイトを担当すれば、世界における自社の動向を知ることもできます。私が以前お手伝いした機械メーカーのお問い合わせ分析では、日本は新品、中国は中古、アメリカはアフターサービスに関するものが中心とわかり、日本の本社にいながらにして世界各地の傾向をつかめることに、いたく感心をしました。

ＢｔｏＢ製造業では、生産現場でも販売でも丁寧な人材育成と技能継承を行っています。しかし、不思議とデジタルマーケティングにはそれがありません。歴史が短いために先輩が育っていないこと、社内でもあるべき方法論が確立しておらず知見が体系化されていないことなどの理由はありますが、デジタルマーケティングの重要性は急速に増していますから、これ以上の先延ばしは許されません。ウェブサイトリニューアルや運用という機会を意識的に使いながら、人材育成を進めましょう。

デジタルコミュニケーションを改革すれば企業そのものが変わる

ＢｔｏＢ製造業のデジタルコミュニケーションを20年以上お手伝いしてきた私が一貫して感じているのは、**ウェブサイトは企業そのものであるということです。**

組織図上にあるすべての部署は、何らかの形でウェブサイトに関わります。例えば広報部門であれば、ウェブサイトにプレスリリースを掲載したり、自社の環境・社会

図表5-5 ウェブサイトは企業そのもの

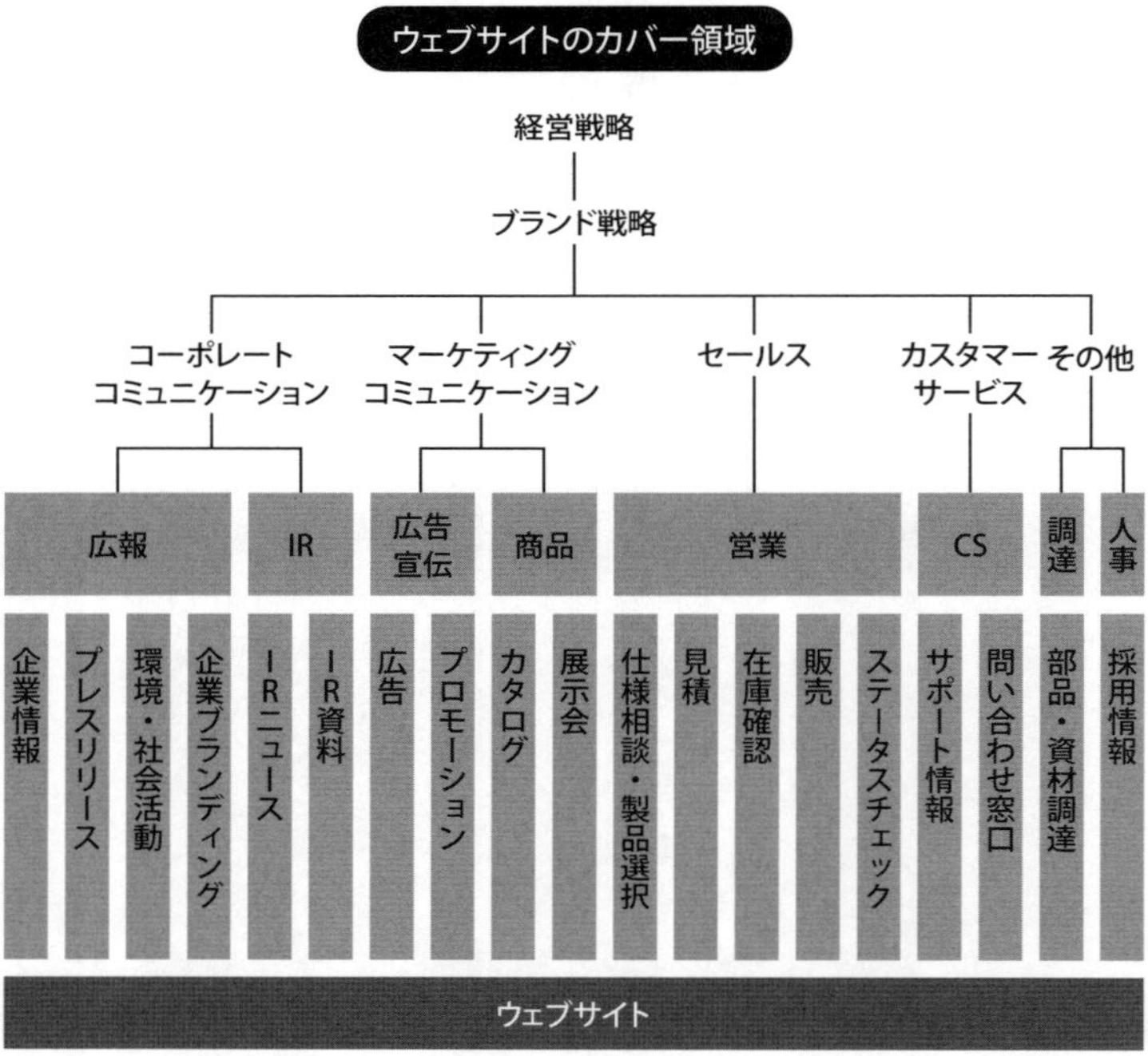
ウェブサイトのカバー領域
経営戦略
ブランド戦略
コーポレートコミュニケーション
マーケティングコミュニケーション
セールス
カスタマーサービス
その他
広報
IR
広告宣伝
商品
営業
CS
調達
人事
企業情報
プレスリリース
環境・社会活動
企業ブランディング
IRニュース
IR資料
広告
プロモーション
カタログ
展示会
仕様相談・製品選択
見積
在庫確認
販売
ステータスチェック
サポート情報
問い合わせ窓口
部品・資材調達
採用情報
ウェブサイト

（出所）イントリックス作成

活動をアピールしたりします。人事部門は採用情報などの採用コンテンツを提供して新卒・中途入社者を受け入れようとしていますし、サポート部門は顧客からの問い合わせに応えることで顧客満足度を高めています。そしてマーケティング部門や営業部門は、商品情報の提供、見積機能や在庫確認機能の提供などによって顧客への拡販を目指します。

要するに、ウェブサイトには企業のすべてが詰まっているのです。

私は、長期視点でのデジタルコミュニケーション支援を、数多くのＢｔｏＢ製造業にご提供してきました。10年以上お付き合いさせていただいている企業も多く、１社からいただいた名刺が４００枚を超えるケースもありました。部門ごとの活用方法を模索する過程で、たくさんの部署・子会社・販売代理店との議論が必要だったからです。このことは、デジタルコミュニケーションが、いかに企業活動の全域にわたっているかを示しています。

私は、**企業とウェブサイトが表裏一体であることを利用すれば、ウェブサイトを変えることで業務や文化を変えることが可能だと考えています。**

ある機械メーカーではこんなことがありました。各部門に任されていた商品体系を、ウェブサイト上に一括掲載する際、部門間でばらつきがあってわかりにくいので粒度を揃え、階層構造を整理することになったのです。社員の皆さんは、全社としての一貫した商品体系へのつくり替えを通じて、いかに情報発信が企業都合になりやすいか、ということを痛感していました。

世の中には、形から入るということがあります。パリッとしたスーツを着てピカピカの靴を履けば、気持ちが引き締まって仕事にもいい影響を与えます。機械メーカーの例では、商品体系という見た目の整理を通じて、顧客視点を強く意識するようになったのです。

また、商品体系のばらつきは長い間社内でも認識されていたのですが、ウェブサイトリニューアルを契機に解決に動き出したことも、特筆をしておきます。ウェブサイトにはほとんどの部署がなんらかの形で関わるため、組織の課題を映し出します。そして、それを多くの人の目にさらすわけにはいかないので、解決する方向に力が働きます。解決はウェブサイトを訪れる顧客の立場から考えるので、自ずと顧客視点になります。そのため、**企業組織の永遠の課題である縦割りを脱する助けとなりやすいのです。**

ウェブサイトは表層でしかなく、主役はあくまで企業です。しかし、企業の内面がにじみ出るため、問題を顕在化させることができるのです。そして、ウェブサイトでの見た目を整えることが、内面の変化に結びついていくのです。

表層の取り組みから内面に大きく影響できる。これがウェブサイトの持つ企業改革力です。

改革には5～10年の期間が必要

これまで見てきたように、ＢｔｏＢ製造業のデジタルコミュニケーションの範囲は非常に幅広いものがあります。そして、世界全体で数万～数十万ページのウェブサイトの改修には、膨大な手間がかかります。

そのため、デジタルコミュニケーションの改革には最短でも5年、場合によっては10年以上の取り組みが求められます。

自社の価値を見極め、デジタルとリアルを併用しながら顧客に伝えること。長期戦略を描き、戦略・デザイン・システムのバランスがとれた、企業と顧客の双方にとって使いやすいウェブサイトを構築すること。本社サイトやグローバルサイトだけでなく、海外サイトや子会社サイトの質も高めること。完成したウェブサイトやシステムを維持し改良していく人材を、自前で育成すること。これらを実現するためには、本当に長い期間が必要なのです。

インターネットの世界は変化が激しいので、ＧｏｏｇｌｅやＡｍａｚｏｎのようなデジタル専業のサービスの世界は、スピード重視でし烈な競争に臨まねばなりません。その印象が強すぎて、「インターネット＝スピードがすべて」というイメージが広まっているように思います。決して間違ってはいないのですが、本書ではスピードがすべてではないことも強調しておきます。

企業のデジタルコミュニケーションは、複雑な要素の絡み合った巨大都市です。長く使える効率的な仕組みには、計画的な整備が必要です。ＢｔｏＢ製造業において、研究所や工場、販売・サービス網は計画的に整備されてきたはずですが、ことデジタルコミュニケーションとなると、3年先も見ていない企業が圧倒的に多いように思います。

他社がどうであれ、皆さんはぜひ、早めに本格整備に着手してください。つくるのがウェブサイトやシステムだけならば、必要性に気づいた時に、お金で解決することも可能です。しかし、**デジタルコミュニケーションの本格活用にはそれだけではなく、組織間連携のための調整、ルールの整備、情報発信・データ分析に積極的な文化の醸**

成、人材育成、外部パートナーの仲間づくりなど、有形無形の蓄積が必要なのです。あとからお金で時間を買うことでは解決できないテーマが、たくさんあるのです。

多くのＢｔｏＢ製造業にとってデジタルコミュニケーションは伸びしろが大きく、競合に差をつけやすいテーマです。一筋縄ではいかないでしょうが、他の企業よりも早く多くの失敗を繰り返して、簡単には真似されない経験資産をためてください。

そして、そう遠くない将来に、日本のＢｔｏＢ製造業が奥ゆかしさを捨て、米国のジョン・ディアのようにデジタルを使い倒す企業が溢れかえり、今はまだ伝えきれていない潜在価値が世界中に解き放たれることを信じて、ここに筆をおきます。

おわりに

バブル崩壊後の１９９０年代後半、社会人となった私は日本株のアナリストを務めていました。そして株式市場が低迷する中でも堅調な、学生時代には聞いたこともなかったＢｔｏＢ製造業の黒子としての存在感を知りました。

その後勤めたウェブコンサルティング会社では、コンサルティングの価値Ｃ＝Ｃ×Ｃであることを教わりました。クリエイティビティのＣとコミュニケーションのＣの〝掛け算〟はつまり、「アイデアや技術が優れていても、相手に伝えられなければ価値は〝ゼロ〟になる」との戒めでした。持っている中身こそが本質だと思っていた私にとって、コミュニケーションが同等に大切であることはちょっとした衝撃でした。しかし、そう言われてまわりを見てみると、いい中身を持っているのに評価されない例が、実は世の中に溢れていることに気づきました。

ウェブコンサルティングを続けていた２０００年代は、いわゆる「失われた30年」

のど真ん中で、国内製造業の迷走・凋落が鮮明になっていました。復活をめざす議論は事業戦略や研究開発・商品開発の話が中心でしたが、本当にそれだけなのかとの思いが、ウェブコンサルティングを続けていた自分の中に芽生え始めていました。日本の製造業の底力には確信を持つ一方で、情報発信に対して今一歩積極的になりきれないことも知った私は、コミュニケーションの積極化はかなりの伸びしろのある施策ではないかとの思いを強めていきました。それは、中身とコミュニケーションの両方が大事であるというC＝C×Cの教えそのものでした。

第1章で触れたインバウンドで盛り上がるスキー場や日本観光の例は、伝わることのパワーを証明しています。ただし、日本人自身が世界に発信しているというよりも、日本を体験した外国人の発信が強いことが実態でしょう。BtoB製造業においてはそうではなく、日本企業自身が主体的に発することを目指さなければなりません。

デジタルコミュニケーションとは、企業の価値を編集する作業です。

まだ発信しきれていない価値を掘り起こし、ターゲットに伝わるように中身や構成を考え、パッケージ化することは、1つの企業についての書籍をつくるようなものです。日本のBtoB製造業から、数多くのベストセラーを出したい。私は、そんな思いでこの仕事を続けてきました。

デジタルコミュニケーションは歴史も短く、試行錯誤の途上にあります。ただ、それにしても忘れられているのではないかと思うのが、すべてはコンテンツから始まるということです。

デジタルコミュニケーションに強く期待されているものの1つに、データ分析がありますが、ＢｔｏＢ製造業のマーケティングの現場では期待先行で、まだ十分な成果を安定的に発揮できているわけではありません。

その解決策は実はとてもシンプルだと、私は思っています。それは、自社の価値の伝達を真剣に追い求めることです。データ分析の課題については技術論や組織論で語られることが多いように思います。確かにそれも大事です。しかし、最も大事なのは、自社の価値を伝えたいという強い思いではないでしょうか。

それさえあれば伝わったかどうかの成果が気になるので、自ずと改善のヒントを得にデータを眺め、少しでも興味を持ってくれる潜在顧客を探すための地道な分析を行うはずなのです。ですから本書は、技術や組織論は他の書籍にゆずり、デジタルコミュニケーションの全体像と効果的に活用するための心構えに重点を置いて構成しました。

これからの企業は、常に自社の価値を伝え続けていなければ生き残れません。中核となるのが、自社の価値を伝えようと努力する社内文化の醸成です。何でも公開する「情報発信の文化」、各部署が連携する「横ぐしの文化」、完璧主義に陥らずスピード感を大事にする「トライ&エラーの文化」、ノウハウやコンテンツなどを積極的に共有する「共有・共通基盤の文化」、ナレッジを蓄積して時代に引き継ぐ「技能継承の文化」を根付かせることができたならば、デジタルコミュニケーションという花は自然に開花することでしょう。

教育者の藤原和博さんは、現代の子供たちが夢を持ちにくくなった理由に、新幹線や高層ビルと違ってデジタルには形がなく、いくらでも機会があるのに仕事をイメージしにくいことを挙げています。ＢｔｏＢ製造業におけるデジタルコミュニケーションもそれとそっくりで、重要性は上がる一方なのに、ものづくりと比べると形がないので課題もあるべき姿もとらえにくく、必要な投資や体制づくりに至っていません。

そこから脱するために、まず自社の位置を知ってください。競合と比べてどのあたりにいるのか。同じ業界で、デジタルコミュニケーションをフル活用している例はあるのか。他業界でも、自社に参考になる使い方はないのか。

位置が見えてきたら、デジタルコミュニケーションを最大限活用している自社の姿を描きましょう。デジタルコミュニケーションは、顧客との直接コミュニケーションを実現します。間接販売を主としてきた企業には慣れないことでしょうが、これからは当たり前となるので、順応していくしかないのです。

そして、ここから先に行くには、長期的な俯瞰視点を持つことが、何よりも大切となります。経営層の後押しで全社横断的な取り組みが動き出し、ＢｔｏＢ製造業の眠れる価値が解き放たれることを、切に願っています。

謝辞

いつか本にまとめよう。そう思い続けて、ずいぶん長い年月が経ってしまいました。生来の筆不精ということが1番の理由ですが、5～10年の長期・俯瞰の重要性をうたっている以上、その観察半ばでデジタルコミュニケーションの全体像を語ることには、若干のためらいがあったことも背景にあります。結局自分もまた、本書で触れたような慎重な日本人なのだと思います。

こうした形で1冊の書籍にまとめることができたのは、本当に多くの方々にご協力をいただき、心温かいアドバイスと叱咤激励を頂戴できたおかげです。その1つでも欠けていたら、この本は決して生まれることはありませんでした。

本書に収められているすべての観察・考察は、さまざまなプロジェクトを通じて得たものであり、クライアントの皆さんとのディスカッションから気づかされたものばかりです。ネガティブなニュースの多かった失われた30年においても、自社の価値を強く信じる皆さんと一緒に仕事をすることができたから、私もまた、日本の製造業の復権を信じ続けることができました。

　イントリックスを共同創業した猪目大輔さんとは、かれこれ20年のつきあいになります。それはまた、ＢｔｏＢにとってデジタルコミュニケーションが強力で重要な武器となりうることに共鳴しあってきた20年でもあります。自分が愚直に同じことを主張し続けることができたのは、猪目さんというよきパートナーに恵まれたからに他なりません。ますます面白くなってくるこれからもよろしくお願いします。

　イントリックスの皆さんには、この場を借りて御礼を言わねばなりません。私には構想を話すことしかできません。12職種ある皆さん一人ひとりの力がなければ、ＣＣ・ＭＣ、戦略・デザイン・システムと、デジタルコミュニケーションに必要となる幅広いテーマに取り組むことなどできませんでした。皆さんがやっていることは、日本のためになる価値ある仕事です。ＢｔｏＢのデジタルコミュニケーションを俯瞰的に考えるための教科書などどこにもないのに、いつも体当たりで取り組んでくれる皆さんのことを、心の底から誇りに思っています。

　また、ＢｔｏＢのデジタルコミュニケーションを少しでもいいモノにすべく奮闘する中、出来上がりを彩り豊かなものにしてくださったすべてのパートナー、そして当社の卒業生にも深く感謝の意を表します。

東洋経済新報社の向笠公威さん、編集者の柳原香奈さん、ブックライターの白谷輝英さんには、本書の制作にあたって多大なる協力をいただきました。何もないところから1冊の書籍をつくり上げていくプロセスはまさにプロの仕事。伝えることを徹底的に追究するその姿勢に、尊敬の念を抱かずにはいられませんでした。ものづくりの少しの苦しさと圧倒的な楽しさを感じることができたのは、皆さんとご一緒できたからこそです。

私がBtoBに興味を持ったのは、社会人になってそのすごさを知ったのが直接的な理由ですが、BtoB製造業に勤めていた父の背中を眺めていたことが下地にあると確信しています。週末の父のテニスに付き添って、弟と一緒に家からそう遠くない工場に連れていってもらったことも数知れず。テニスコートの脇にある細い鉄管から間欠泉のように噴き出す熱湯と水蒸気の音は、今でもはっきり覚えており、BtoB製造業が人知れず地味に活動していることを、幼心に刻んだように思います。このことだけでなく、幅広い経験をさせてくれた両親には、感謝の気持ちでいっぱいです。すべてが自分の糧になっています。

イントリックスの立ち上げからずっと応援してくれているのが妻の紫都佳。

ＢｔｏＢのデジタルコミュニケーションをライフワークとすることができているのも、この本を納得いく形で仕上げることができたのも、彼女が静かに見守ってくれたおかげです。たまにもらう、映画会社の宣伝部にいた妻の一言は、〝伝える〟ことの本質をつく珠玉のアドバイスでした。また、紫都佳の両親と姉も一緒に、私のチャレンジを支持し続けてくれました。それがどれだけ精神的な支えになったことか。その恩は決して忘れません。長女あづさ、次女美野子、長男慎太郎は今、それぞれ好きなことに夢中になっています。そのことは、親としての自分にとって何よりの励みであり、本書執筆のひそかな原動力でもありました。テーマは変わるかもしれないけれど、3人にはこれからも、自分の好きなことをどん欲に追求してほしいと思っています。

そして最後に感謝をささげたいのが、日本のすべてのＢｔｏＢ製造業とそこで働く方々です。日本は皆さんの、人知れぬ不断の努力のおかげで優れた社会を築くことができました。

その力が日本を含む世界の発展に活かされるよう、これからも全力で応援をさせていただきます。

【著者】
氣賀 崇(きが・たかし)
慶應義塾大学総合政策学部卒業後、ブラウン・ブラザーズ・ハリマン入社。ニューヨーク本社の国際株式投資部にて、日本およびアジア株のアナリストを務める。海外インターネットビジネスへの投資に携わった後の2000年、サイエント株式会社に入社。デジタル戦略の策定やグローバルWebサイト群の再構築支援に従事。2009年、BtoB企業のデジタルコミュニケーションに特化したイントリックス株式会社を設立し、代表取締役に就任。以来、「俯瞰」「長期視点」をキーワードに、素材・部品から機械・装置メーカーまで様々なBtoB製造業の支援を続けている。

BtoB製造業のコミュニケーション革命
顧客接点のデジタル化がもたらす未来

2024年 9月 17日発行

著　者——氣賀 崇
発行者——田北浩章
発行所——東洋経済新報社
〒103-8345　東京都中央区日本橋本石町 1-2-1
電話＝東洋経済コールセンター 03(6386)1040
https://toyokeizai.net/

装　丁…………………小口翔平+畑中茜(tobufune)
本文デザイン・ＤＴＰ…アイランドコレクション
印刷・製本……………山栄プロセス
Printed in Japan　　ISBN 978-4-492-96236-7
本書のコピー、スキャン、デジタル化等の無断複製は、著作権法上での例外である私的利用を除き禁じられています。本書を代行業者等の第三者に依頼してコピー、スキャンやデジタル化することは、たとえ個人や家庭内での利用であっても一切認められておりません。
落丁・乱丁本はお取替えいたします。